שתיים ועוד שתיים
הם אפס

◊

מספרי המנייה המשגתם
סימולם ורכישתם

◊

חוה שטל יסין

תוכן

רשימת טבלאות

הערות שוליים

ביבליוגרפיה

◊

פתח דבר

"חמש ועוד שלוש הם באמת רק אפס", הצהירה שרי תלמידת כיתה ב' מול מורה - "כי מספרים הם שום כלום" - כך הסבירה. על האמירה "המוזרה" הזאת סיפר לי מורה בארשת של תמיהה מהולה בדאגה בפגישת התייעצות מורים והורים. חייכתי ביני לביני בהכירי שהקטנטונת שלי גילתה שמספרים הם רעיונות מופשטים, לא דברים גשמיים .

*

כותרת הספר שלפניכם נבחרה בהשראת הדרך החינית שבה הילדה שרי הביעה את ההבנה העקרונית והחיונית הזאת.

◊

1

מהות המספר

<u>1 - 1 המספר כרעיון גודל</u>

המילים ׳אחת׳, ׳שתיים׳, ׳שלוש׳, ׳מאה׳ או ׳אלף׳, הן שמות מספרים שבאמצעותם אנו מונים, מודדים, ומחשבים. המילים ההן ואלו שביניהן או בהמשכן הן מילים שמביעות מושגי גודל.

מושגיי הגודל הללו מדומיינים ומוגדרים כסכומים קבועים, ייחודיים ונבדלים, של יחידות מופשטות. הרי בגלל ששלוש מכיל יותר יחידות משתים ופחות יחידות מארבע, שלוש גדול משתים וקטן מארבע. מה שעושה את השלוש לשלוש זה הסכום המסוים והמדויק של יחידותיו. הוסף יחידה אחת והשלוש ייהפך לארבע, החסר יחידה והוא ייהפך לשתיים.

משום שהתכונה היחידה שמאפיינת כל מושג מספרי מסוים היא סכום יחידותיו, כל מספר הוא ערך גודל קבוע, מוחלט ומדויק, והספרות שמייצגות מספרים מתייחסות, אך ורק לעצמן כלומר לסכום היחידות שהן מייצגות. הספרות מביעות, אם כן, תיאור והגדרה בעלי משמעות שלמה וממצה של כל גודל מספרי אותן הן מייצגות. למשל, המילה, ׳שלוש׳ מייצגת רעיון אחד שאפשר לתארו ולהגדירו רק באמצעות המילה, שלוש או הספרה, 3. זאת הסיבה שפסוק כמו: ״חמש ועוד שלוש הם שמונה״, או הביטוי: ״5+3=8״ יוצרים תוכן משמעותי שלם אפילו שמילות המספר ׳חמש׳, ׳שלוש׳ ושמונה׳ וספרותיהם הם רק סמלי מספרים מילוליים וחזותיים שלא בהכרח מונים דבר.

יש כמובן אין סוף גדלים מופשטים מסוג זה, הרבה יותר ממספר הדברים שאפשר למנותם. אחרי הכול תמיד ניתן להוסיף עוד יחידה, להכפיל, או להעלות בחזקה כל סכום של יחידות שעולה בדעתנו לדמיין או לחשוב עליו. במילותיהם של אדוארד קאסנר וג׳ם ר. ניומן: ״מתמטיקה היא יצירתו של האדם, היא כפופה אך ורק לגבולות הנקבעים על ידי תהליכי החשיבה שלו.״[1]

נכון שגם מלות תואר כמו, ׳קטן׳ או ׳גדול׳ מתארות גדלים, אלא שמילות אלה כשלעצמן לא יוצרות משמעות, תמונה או דימוי מסוים שהרי משמעותן משתנה בהתאם למושא אותן הן מתארות. קחו לדוגמא את מילת התואר, ׳יפה׳, כמו ב-׳פרפר יפה׳ או ׳שיר יפה׳. טיב היופי של שיר שונה מטיב היופי של פרפר. לאמיתו של דבר הפרפר והשיר מתארים את המונח ׳יפה׳ לא פחות מאשר המונח ׳יפה׳ מתאר את הפרפר והשיר. כך גם ממדי המונחים: ׳קטן וגדול׳ המשתנים בהתאמה למושאם. שהרי ממדי פיל גדול, שונים ממדי עכבר גדול.

שלא כמילות התואר, גדול או קטן, הרבה או מעט, מלות מספרים כמו 'שלוש' או 'ארבע' תמיד מביעות אותו רעיון גודל, בין אם נמנה באמצעותן פילים, עכברים, פרפרים, או שירים, כי מושגיי מספרים מתייחסים לעצמם ולא תלויים בדבר מחוץ לעצמם. לכן, הגודל אותו מיצגים מושגיי מספר אינו גודל יחסי אלא גודל מוחלט וקבוע. ומכוון שגודל זה מתבסס על כמות מסוימת של יחידות, המספר הוא גם מושג גודל מדויק. מכאן תרומתם הגדולה של מושגיי המספר לחשיבה ולהתפתחות הידע והעשייה האנושית.

מונחון 1 -1:
1. המילה 'מספר' מציינת **מושג** מספר.
2. המילה 'ספרה' מורה על סמל ש**מיצג** מספר. ספרות יכולות להיות מילים (סמל שמיעתי) או סימנים (סמל חזותיי):
המילה 'שלוש' זאת ספרה שמיעתית והסימן '3' הוא ספרה חזותית.

1-2 <u>שלושת האמצעים לאימוד גודל</u>

מושג מספרי הוא לא האמצעי היחיד לאימוד גודל או כמות וגם לא האמצעי הכי נפוץ. יש עוד דרכים, בניהם, טביעת-עין שהיא האמצעי הפשוט והישיר ביותר שמשמש אותנו נאמנה בחיי היום יום. טביעת-עין מבוססת על חוש הראיה הטבעי שלנו. אכן השגת גדלים של הסובב אותנו, כגון זיהוי צבעים, צורות, מיקום בחלל, מהירות תנועה באמצעות החושים, היא הכרח קיומי של כל יצור נע, בין שהוא צד או נצוד. גדלים אלה הם מאפיין של כל דבר שיש לו קיום פיזי, ללא כן אי אפשר היה להשיגם דרך החושים.

התפיסה החושית קובעת את גודל התופעה על ידי התרשמות כוללת, כלומר כמה מקום היא תופסת במרחב. לכן מוקד תשומת הלב הוא קווי המתאר החיצוניים או הצלילית שלה שנקלטים כמהות צרופה או כמקשה אחת. הביטוי 'גדול כפיל' מבטא גודל מסוים כאשר אנחנו יכולים להעלות בדמייננו זיכרון של פיל.

קביעה זאת נכונה גם כאשר התופעה היא קובץ יחידות מוחשיות כמו ערמת תפוחים או להקת ציפורים. ההכרה בכך שקבוצה של 3 תפוחים גדולה מקבוצה של 2 תפוחים לא מצריכה ידע של מספרים. אפשר להשיג את התובנה הזאת דרך טביעת-עין, שהרי כאשר כל התפוחים שווים בגודלם, קבוצה של 2 תפוחים תופסת פחות מקום במרחב מאשר קבוצה של 3 תפוחים. התפיסה הכוללנית של טביעת העין אמנם מהירה וספונטנית אך לא מאפשרת אימוד גודל בדרך אנליטית ומדויקת, שכן אין בה חלוקה ליחידות ותשומת לב שיטתית לפרטים. טביעת עין, אם כן, יכולה להניב רק ערך גודל סובייקטיבי, אימפרסיוניסטי ובלתי מדויק.

באין ידע מספרים, השתמש האדם בתהליך התאמה של 'אחד לאחד' כאשר עלה הצורך לבדוק מלאי באופן אובייקטיבי ומדויק, או כדי לוודא שהמקח והממכר הוגנים. בתהליך התאמה של 'אחד לאחד', מתאימים כל פריט מקבוצה אחת לפריט אחד מהקבוצה האחרת. התהליך הזה מבוסס על ההבנה שכאשר פריטים מקבוצה אחת מותאמים אחד מול אחד לפריטים של קבוצה אחרת, המספר הכולל של הפריטים בכל אחת משתי הקבוצות שווה. בניגוד לגישה של טביעת עין שאומדת את גודל הקבוצה כמכלול רצוף, הגישה של התאמת יחידות אחד לאחד מפרקת את הקבצים ליחידות שמרכיבות את המכלול ובודקת כל יחידה בנפרד. על ידי פירוק הקבוצות לגורמיהן שיטת האחד לאחד משיגה אובייקטיביות ודיוק בבדיקת המלאי או הבטחה למסחר הוגן.

קרל מנינגר מתאר את תהליך הערכת כמות באמצעות שיטת האחד לאחד כפי שאנשי שבט הוודא בציילון היו עושים זאת, כך: כשוודא רוצה לבדוק את כמות אגוזי הקוקוס שברשותו, הוא אוסף צרור מקלות ושם מקל אחד ליד כל אגוז ואומר: "זה אחד". המקלות האלה משמשים אותו, מאוחר יותר, ככמות-משנית, או כמות-עזר שבאמצעותה הוא יוכל להעריך את מלאי האגוזים ברשותו, באופן זה: הוא לוקח מקל אחד מ-"כמות-העזר" ומצמיד אותו לאגוז אחד מהמלאי שלו. הוא ממשיך בדרך זאת עד שכל האגוזים מוצו. אם נמצא מקל מיותר, הוודא יכול לקבוע בדרך מדויקת וודאית שאגוז אחד חסר. [2]

למרות ששיטת האחד לאחד מאפשרת לאנשי שבט הוודא לקבוע הפסד ורווח במידה מניחה את הדעת של דיוק וודאות, היא משאירה אותם ללא מושג משמעותי של הכמות הכללית של האגוזים שברשותם. הם רק יכולים להצביע על צרור מקלות 'כמות-העזר' כדי לנקוב בכמות האגוזים שברשותם. תהליך האחד לאחד, אם כן, מוותר על השגת גודל בדרך כוללת ומשמעותית, לטובת דיוק.

החיסרון של היעדר הגדרה מספרית כוללת של כמויות והשימוש בטכניקת ההשוואה של אחד לאחד כבסיס להערכת כמויות בתרבויות העבר, מוזכרת בסיפורו של סר גאלטון בו הוא מתאר סחר חליפין בין רועה משבט הדמרא. [3] הדמרא הם שבט נודד שנע עם עדריו בקבוצות קטנות. יש להם רק שלוש מילות מספרים. הרועה, בסיפורו של סר גאלטון, הסכים להחליף כבשים בסלילי עלי טבק בשער חליפין של כבשה אחת תמורת שני סלילי טבק. אך כשסוחר הטבק הציע לו ארבעה סלילי טבק תמורת שני כבשים, הרועה נבוך וסירב לקבל את תנאי הסחר. במקום זאת, הוא דרש שהחילופין יתבצעו בשני שלבים נפרדים. זאת משום שמושג ארבע היה מעבר לאוצר מושגי

המספרים ומילות המנייה שידע. ללא יכולת להסתמך על המושג, ארבע והגדרתו הסמלית, הרועה משבט הדמרא היה יכול לאשר סחר חליפין הוגן רק על ידי החלפת הכבש עם שני סלילי טבק, פעם אחרי פעם, בדומה לאדם משבט הוודא, שמנינגר תיאר, שהיה יכול רק להצביע על צרור המקלות של כמות העזר שלו כדי לבטא את כמות אגוזי הקוקוס ברשותו.

לכאורה תהליך טביעת העין ותהליך האחד לאחד המתוארים לעיל מנוגדים זה לזה, אך למעשה יש להם מכנה משותף: שניהם קשורים וכפופים ללא אפשרות הפרדה למושאים שקיימים בעולם הפיסי, אליהם מופנית תשומת הלב של המשתמש בהם, זאת משום שתהליך האחד לאחד מתנהל תוך כדי מגע עם יחידות מוחשיות של קבוצה מסוימת שאותן משייכים אחת מול אחת, ליחידות של כמות פיסית אחרת. ואילו, תהליך השגת גודל על ידי טביעת עין, לא רק שניבנה מנתונים שמתקבלים מעצמים שקיימים בעולם הפיסי, אלא גם שואב את משמעות הגודל והגדרתו מהם, לדוגמה: פיל-גדול בהשוואה לעכבר-גדול. הכפיפות המוחלטת למוחשי ולקיים הפיסי מונעת את היכולת לאחד את שתי הגישות -זאת הכוללת עם זאת האנליטית- לשני היבטים משלימים של הערכת גודל והגדרת

לעומת זאת מושגיי המספר הם דגמים מופשטים של גדלים קבועים ונפרדים המוגדרים ומתוארים כסכומים סגוליים של יחידות מופשטות. לכן, המשגת מספרים דורשת לא רק את זיהוי הסכומים המסוימים כישויות בפני עצמם, אלא גם את זיהויי היחידות הנפרדות שמרכיבות כל אחד מהם. בגלל הצורך לזהות את היחידות שבונות סכום לפני שניתן לשייכן למכלול מסוים, הזהות המושגית של כל מספר, מדוייקת.

המספר הוא מושג גודל כולל ומושגי, ויחד עם זאת גם אנליטי. ההפשטה הטהורה שבאמצעותה נבנית תדמית המספר היא זאת שמאפשרת שילוב שני מאפיינים סותרים—— המושגי/כוללני, והאנליטי/פרטני-- שבאיחודם יוצרים דרך חדשה ואמינה של הערכת גודל והגדרתו.

2

יישום המספר בחיי היום יום

2-1 הערכה מספרית של גדלים מוחשיים

מושגיי המספר לא כבולים ולא טבועים בכל מהות פיסית משום שהם הפשטה טהורה, ולכן הם יכולים לשמש להגדרת כל גודל שיעלה על דעתנו.

יש שני שימושים עיקריים למושגיי המספר בחיי היום-יום: **מנייה ומדידה**. מטרת המנייה היא לענות על השאלה: **"כמה** יחידות"? למשל, כמה תפוחים על הצלחת, כמה אנשים באולם. מטרת המדידה היא לענות על השאלה: **"מה** הממד, של מהות מוחשית אחת, למשל מה **משקל** האבטיח, מה **אורך** העיפרון וכדומה. "כמה" ו- "מה הממד", הן שתי שאלות שונות שכל אחת מהן דורשת שימוש שונה של המספר שינקב בתשובתן.

מנייה: המספר כשלעצמו עונה רק על שאלה אחת: "כמה יחידות?" המנייה בעזרת מילות מספרים היא יישום ישיר של מושג המספר, משום שתהליך זה מתייחס באופן עקבי רק לסכום היחידות ולא לממדים הפיסיים של קבוצתן ככלל. אפשר לומר שפעולת המנייה היא פעולת גומלין שבה ספרות-ויחידות פיסיות של קבוצה מוחשית, מותאמות אחת מול אחת. ממש כמו שאיש הודיא מתאים כל מקל ומקל מ-"כמות העזר" שלו, לאגוז אחד ממלאי האגוזים שלו, המונה מתאים זו לזו מילה אחת מאוצר מלות המספרים שלו ליחידה אחת מקבוצת היחידות המוחשיות שלפניו: "תפוח אחד" , "שני תפוחים", "שלושה תפוחים" וכן הלאה.

אך יש הבדל חשוב בין מנייה לבין תהליך האחד-לאחד הקדמון של הוודא: לעומת המקלות של הוודא שהן חסרות משמעות מספרית כשלעצמן, כל מילת מספר בתהליך המנייה מייצגת רעיון מספרי ייחודי. בנוסף לכך, כל מילה ברצף מילות המנייה מסמלת כמות גדולה מקודמתה ביחידה אחת, וקטנה מזאת שעוקבת לה ביחידה אחת, כך שכל מילת מספר מצביעה בעת ובעונה אחת על הכמות הכוללת של היחידות שנימנו עד כאן, ועל המספר הסידורי שלה (המיקום של מילת המנייה ברצף ספרות המנייה). תהליך המנייה מסתיים כאשר כל היחידות בקבוצה מוצו, כך שמילת המנייה האחרונה מגדירה באופן מדויק ומלא את התשובה לשאלה: "כמה"? מובן שללא התייחסות למושג המספרי המופשט שמילות המספרים מייצגות, תהליך המנייה לא יכול להניב ידע מספרי מדויק של כמות. מכאן מובן שללא ידיעה מוקדמת של מושגיי המספרים, תהליך המנייה הוא חסר משמעות מעשית.

מדידה: לעומת: "כמה?" השאלה: "מה הממד?" מתייחסת לגודל מוחשי שהוא אחת מהתכונות של מושא פיסי כל שהוא, למשל: נפח או משקל של אבטיח, אורך עיפרון. גדלים מוחשיים כאלו הם גדלים רצופים, לכן כדי לאפשר הגדרה מספרית יש להמירם מהוויה רציפה להוויה קבוצתית של יחידות. ההמרה הזאת כרוכה ביצירת יחידות מלאכותיות המתאימות למהות או האפיון של מושא ההגדרה המספרית, למשל, אורך נמדד ביחידות אורך ומשקל ביחידות משקל. מכיוון שיחידות אלו הן מלאכותיות, הן גם שרירותיות, ומשתנות מתרבות לתרבות, למשל אורך עיפרון יימדד בישראל וארצות אירופה ביחידת האורך 'סנטימטר', ואילו באנגליה וארה"ב ביחידת האורך 'אינץ''.

מכיוון שתיאור הממד של דבר פיסי מבוטא על ידי מכפלה של יחידות מספר ביחידות פיסיות, גודל מושא המדידה נקבע על ידי שני גדלים פיסיים: גודל מושא המדידה עצמו (כאן אורך עיפרון), וגודל יחידות המדידה. הגודל המפשט של המספר שנקבע, מתאר אך ורק את היחס בין גודל מושא המדידה לעומת גודל יחידת המדידה. מספרים שונים, אם כן, יכולים לתאר אותו גודל, ומספרים זהים יכולים לתאר גדלים שונים. לדוגמא: בגלל שיחידת האורך אינץ' ארוכה מיחידת האורך סנטימטר, עיפרון של 4 אינץ' ארוך מעיפרון של 4 סנטימטר. מאותה סיבה 4 אינץ' ו-10 סנטימטר מתארים את אורכו של אותו העיפרון (יש קצת יותר משתים וחצי יחידות סנטימטר באינץ' אחד), שני מספרים שונים אלה מבטאים באופן מדויק ואובייקטיבי את אורך העפרונות. (ראה טבלאות: 1 -2, ו2-2).

מטרת המדידה, כמובן, היא קביעה אובייקטיבית ומדויקת של גודל, הרי בשביל חיי היום-יום, טביעת עין יכולה לספק ידע שימושי לרוב הערכות הגודל. למשל: האם ארנק המזומנים יכול להכיל את העיפרון שלי או עלי לשים אותו בתיק היד. אך כאשר אנו טורחים למדוד גודל באופן אובייקטיבי ומדויק, עלינו להכיר בכך שהגורם המספרי בהגדרות גודל, מייצג רק את היחס בין גודל מוחשי של מושא המדידה וגודל יחידת המדידה של גודל זה שגם הן מוחשיות. לכן, המספר כאן מבטא ערך יחסי - ככל שיחידת המדידה גדולה יותר, גודל המספר שמציין את תוצאות המדידה קטן ולהפך - יחידות קטנות יותר מניבות מספרים גדולים יותר, כדוגמת העיפרון הנ"ל.

כגורם אחד מתוך שני גורמים של תיאור גודל פיסי - המספר המתקבל מתהליך מדידה לא מספק תשובה מלאה לשאלה: "מה הגודל?" כיוון שהמספר כשלעצמו הוא חסר משמעות ונותן רק תשובה חלקית ועקיפה לשאלה זו, לדוגמא אם תשאל: "מה היה אורך ההליכה שלך?"

ותשובתך תהיה: "עשרים", ודאי יתמה השואל - "עשרים מה? דקות? שעות? קילומטרים? מילים?". לעומת זאת אם תשאל: "כמה אנשים באו למסיבה?" -- התשובה, עשרים תהיה מספקת.

ראוי לזכור שהמספר עצמו, למרות תפקודו השונה בתהליכי המנייה והמדידה שומר על תכונתו כמהות מופשטת בשני יישומים שונים אלו. בתהליך הספירה המספר משמש כדגם מופשט של גודל ייחודי ומוכר, כנגדו מעריכים גדליי קבוצות של יחידות מוחשיות, ובמדידה הוא משמש כיחס בין גודל מושא המדידה לבין גודל יחידת המדידה.

2-2   חישוב

"יש החושבים, המלך גלון, שמספר גרגרי החול בעולם הוא אין סופי בגודלו" - במילים אלו פותח ארכימדס הגאון הסיציליאני שחי במאה השלישית לפה"ס את חיבורו המפורסם: "מונה החול". ארכימדס לקח על עצמו להוכיח שאפשר למצוא את מספר גרגרי החול, ו -"לא רק אלה שקיימים בסירקוז ובכל סיציליה [...] אלא גם אלו שנמצאים בכל המחוזות, בין שהם מיושבים ובין שאינם מיושבים", למעשה: "את המסה ששווה לגודל היקום". כמובן שהוא לא התכוון למצוא זאת באמצעות מניית גרגריי חול, אלא דרך חישובים. היוונים בזמנו של ארכימדס האמינו שהיקום נמצא בתוך כדור בדולח שאליו מוצמדים הכוכבים. בהנחה שגם גרגרי חול הם בצורת כדור - ארכימדס חישב את היחס שבין נפח גרגר חול לבין נפח היקום כדי למצוא את מספר הגרגרים שהיקום הכדורי יכול להכיל. את המשימה הזאת הוא הגשים על ידי הוכחות גאומטריות ופעולות חשבוניות "שהיו גורמים לחלומות בלהה לתלמיד תיכון" – כפי שמסביר זאת גמו. [1]

נוסף על כך, ארכימדס נאלץ להמציא שיטת מספרים חדשה משום שהמספר הגבוה ביותר שהיה ניתן לבטא ביוון בעת הזאת היה: "מיריד" -- רבבה בעברית (10^4), והמספר אליו שאף היה גדול בהרבה מזה. השיטה שהמציא ארכימדס היתה למעשה שיטה זהה לשיטת בסיס-העשר המודרנית, שבה כל עשר יחידות של דרגת גודל מסוימת, יוצרות יחידה חדשה שהיא גדולה פי עשר מעשרת היחידות שמרכיבות אותה. הבסיס של ארכימדס לא היה עשר אלא "רבבת רבבות" (10^8). הוא קרא ליחידה זאת, "אוקטד", "שמיניי" בעברית, או "יחידה מדירוג שני". בעזרת שיטת המספרים הזאת ארכימדס היה יכול לקבוע שמספר גרגרי החול ביקום הוא כ- "אלף רבבות של יחידות מדירוג שני", כלומר עשר בחזקת שישים ושלוש (10^{63}) בשיטת המספרים המודרניים.

החיבור המבריק של ארכימדס הוא דוגמה עוצרת נשימה של איך ניתן לרכש באמצעות חישוב, ידע שאי אפשר לרכשו באמצעות מנייה או מדידה ישירה .

חישוב עוסק ביחסים בין מספרים או בין גדלים מרחביים, באופן מופשט, כאשר תוצאות פתרונם מיושמות מאוחר יותר בבעיות מעשיות או תאורטיות. בדוגמה של "מונה החול" השאלה של ארכימדס הייתה: מה מספר גרגרי החול שהיקום יכול להכיל. את הערך המספרי הזה הוא מצא דרך חישוב היחס שבין גודל היקום ששימש כמושא המדידה ובין גודל גרגר החול ששימש כיחידת מדידה. את שני הגדלים האלה הוא היה צריך לחשב מראש. כמובן שרוב החישובים שאנו עושים בחיי היום-יום משמשים למטרות הרבה פחות נעלות ולמשימות הרבה יותר פשוטות, כמו: למנות את מספר עצי השקד במטע של גברת כץ, על ידי מניית העצים בכל שורה והכפלתם במספר השורות, על מנת לזרז מנייה, או לקבוע גודל רב ממדי כמו שטח של גינה באמצעות הכפלת אורכה ורוחבה זה בזה.

שלא כמנייה ומדידה שמיושמים באופן ישיר למושאים שאותם הם בוחנים, חישובים נעשים באופן מופשט ועומדים ברשות עצמם ללא תלות במושאים גשמיים. למשל המשפט: 7x6=42, יכול להתייחס לגינה מלבנית או למספר העצים במטע של גברת כץ, או לא לדבר גשמי כל שהוא. ההבדל בין המשפט: 6 עצים × 7 שורות = 42 עצים, או 6 מטר × 7 מטר = 42 מטר מרובעים ובין המשפט: 6 ×7 = 42, הוא ששני המשפטים הראשונים מתארים יישום מוחשי של המשפט האחרון שהוא קביעה מופשטת.

מתמטיקאים קוראים לתחום המתמטיקה שבו משתמשים בחישובים חשבוניים ככלי תיאור וחקירה של תופעות בעולם הגשמי, "מתמטיקה שימושית", ולתחום שמשתמש בחישובים כדרך חקירה של רעיונות מתמטיים לשם עצמם, "מתמטיקה טהורה". יש המכנים מתמטיקה שעוסקת ברעיונות מתמטיים לשם עצמם: "מתמטיקה אנושית, או המוניסטית " כי היא מונעת מהצורך האנושי ליופי ולאתגרים שכליים." [2] חישוב, אם כן, מפגיש אותנו עם שימוש נוסף של מושגיי מספר, והוא החקירה והיצירה של מושגיי מתמטיקה נוספים בשביל פיתוח החשיבה המתמטית לשם עצמה.

יש המאמינים שארכימדס המציא גם שיטת כתיבת מספרים הדומה לשיטת הספרות ההודיות המודרנית. אבל לא נמצאו עובדות ארכיאולוגיות שתומכות באמונה הזאת. אבל אין ספק שהחישובים המתמטיים של ארכימדס היו דוגמה מופתית למתמטיקה הומניסטית: לא לידע של מספר גרגרי החול שהיקום מכיל ולא לשיטת מבנה חדש להגדרת מספרים, או למספרי ענק כמו "אלף רבבות של יחידות מדירוג שני" (שזה: 10^{63}) היה שימוש מעשי בתרבות היוונית בזמנו של

ארכימדס. לאמיתו של דבר, ארכימדס לא התכוון למצוא את מספר גרגרי החול שהיקום מכיל, אלא להוכיח למלך גלון שאין כמות מספרית, גדולה ועצומה ככל שתהיה, שאי-אפשר לקבוע את מספר יחידותיה כל עוד יש שיטה לכנות מספרים בשם לאורך הרצף האין סופי   שלהם.

טבלה   2 -1   מדידה השוואתיות – על ידי מספר זהה של יחידות-אורך שונות

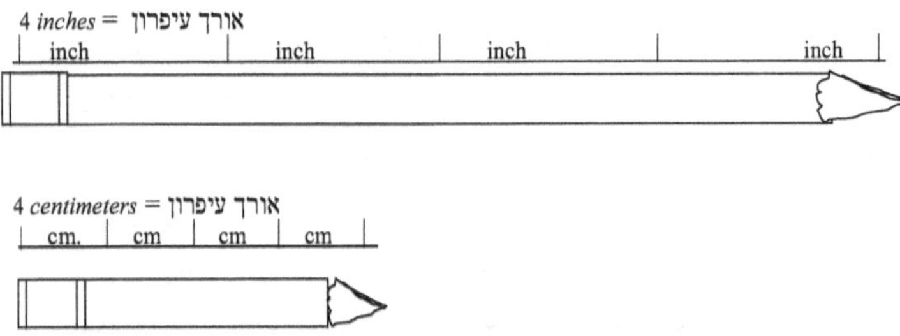

טבלה   2 -2   מדידות השוואתיות – של אורך זהה על ידי מספר היחידות יחידות אורך שונות

3

ראיית מספרים

<u>1-3 הבחנת המספר</u>

יכולתנו לזהות ללא היסוס את המספר המדויק של פריטים בקבוצות קטנות, נראית לנו כדבר מובן מאליו. אבל היכולת הטבעית הזאת לכאורה, ראויה לתמיהה ועיון מחודש. הרי מספרים הם רעיונות מופשטים שאין להם קיום פיסי כשלעצמם. חסרי מרקם, צבע, צורה וריח – למושגיי מספרים אין כל תכונה שמאפשרת להבחין בהם, לזהות אותם, או להבדילם זה מזה דרך מערכת החושים שלנו.

הסיבה שאנו יכולים לזהות את מספר הפריטים של קבוצות קטנות אף כי למספר עצמו אין תכונות מוחשיות, היא שתפיסת המציאות הפיסית היא לא רק תגובה לגירויים סביבתיים. הרי "לגירויים עצמם אין משמעות משום שהם רק צורות של אור, צליל, או לחץ" כפי שציין הפסיכולוג אולריך נייסר (1976)[1]. נייסר טוען שתפקיד תהליכי תפיסת המציאות הפיסית הוא לא רק ללכוד גירויי סביבה, אלא גם להפוך את ערבוביית הנתונים שנוצרת מגירויים אלה לישויות מוכרות באופן עקבי.

הניאורוסינטיסט ג'רלד אדלמן, מספק הבנה חשובה לסוגיה זאת בספרו, "ההווה הזכור" (1989), בו הוא מציג תאוריה פורצת דרך שמסבירה את היווצרות התודעה האנושית על בסיס ביולוגי. אדלמן מבחין בין שני סוגי תהליכיי תפיסת הסביבה של האדם: האחד, תהליך "הכללת תחושות" שבו נתונים שנקלטים דרך החושים, ממוינים ומסווגים לקבוצות, והשני, תהליך "התנסות תחושות" שבו קיימת מודעות לתחושות. "הכללת תחושות" הוא התהליך הראשוני שמתרחש מתחת לסף ההכרה שבו הוויות ואירועים מופרדים מהרקע שלהם.[2] תהליך זה מתבצע על ידי התחברויות והתארגנויות של נוירונים שהולכות ונעשות יותר ויותר מסובכות. זהו תהליך שבמהלכו הנתונים החושיים עוברים מיון וסווג חוזר. מול תהליך "הכללת תחושות" של התת מודע, אדלמן מתאר את תהליך "התנסות התחושות" כ-"מודעות לעצמים ומארעות".[3] הוא קושר את התהוות המודעות הזאת לנוכחות של מושגים ושפה. אדלמן מעלה את ההשערה ש-'התנסות תחושות' מושגת דרך

תהליכיי השוואה ועימות של היזכרות במושגים שנרכשו קודם לכן באמצעות תהליכי 'הקבצת תחושות', עם המציאות העכשווית: "זיכרונות מוקדמים ופעילות עכשווית של המוח מגיבים זה לזה כדי להניב מודעות ראשונית בצביון של *הווה זכור*".[4]

אליבא ד-נייסר ואדלמן, משמעות המיזוג של ההקשרים המושגיים-תבונתיים עם תהליכי ההשגה החושית, היא שלמערכת המושגים התבונתיים שלנו יש חלק לא פחות חשוב בקליטת העולם החיצוני מאשר למערכת החושים שלנו. אפשר להסיק מכך שהבנת העולם החיצון עשויה להשתנות לאורך זמן בהשפעת ניסיון חיים ולמידה. למשל, מה שיכול להיקלט על ידי תינוק בן יומו ככתם, ייקלט אצל פעוט כציור לא מוצלח של מגף גברת, ולתלמיד בית ספר כמפה גאוגרפית של איטליה. מכיוון שבני אנוש יכולים להעלות על דעתם מושגים מופשטים, גם מושגים מופשטים צפויים להיכלל בתהליכי תפיסת העולם המוחשי מרגע שנרכשו. "ראיית" מספרים היא דוגמה מובהקת לכך. כאדם משכיל אני לא יכולה שלא לחשוב: "שלוש", כשאני רואה קבוצה של שלושה תפוחים, וחושבת: "שלוש", מאותה סיבה שאני לא יכולה לא לחשוב: "איטליה", כשאני רואה מפה של איטליה. כפי שאולריך נייסר ציין כבר מזמן: "תפיסה חושית היא המקום שבו תודעת האדם והמציאות הגשמית נפגשים".

המושג, "תפוח" יכול להתעורר בתודעתי על ידי תכונות פיסיות של התפוח: טעם, ריח, צורה וכ"ד, אבל המודעות שאני רואה "שלוש" בראותי קבוצה של שלושה תפוחים, יכולה להתעורר רק אם יש לי ידע מוקדם של המושג "שלוש". ככל מושגיי המספר, "שלוש" הוא מושג מופשט שנוצר תוך פעילות חשיבתית אף על פי שאין לו כל קיום פיסי. אדם ללא ידיעת מספרים יהיה עיוור למספר התפוחים בקבוצה גם אם בקבוצה אין יותר משלושה פריטים. ללא יכולת יצירת קשר למושגי מספרים, הוא יוכל רק להגיב לגירויים הפיסיים הנוצרים על ידי התפוחים, אך לא יוכל לאמוד את הגודל המספרי של קבוצתם.

למסקנה שידיעה מוקדמת של הבנת מספרים משפיעה על האופן שבו אנו מסתכלים על קבוצות קטנות של פריטים, יש תמיכה תצפיתית (אמפירית). אנתרופולוגים בתחילת המאה העשרים נתקלו בתרבויות שבטיות שאין להם רצף מספרים מעבר לשתיים או שלוש. אנשי השבטים האלה לא יכלו "לראות" את מספר הפרטים בקבוצות גדולות משלוש או שתים, ממש כמו הרועה הדמראי שפגשנו בפרק 2-1. כמו כן ההשערה שמקור המילים בשפות ההינדי-אירופיות למספר שלוש כגון 'תרי', 'דראי',' טרויס' או 'טרס', הוא השורש הלטיני 'טרנס' שפירושו 'מעבר', גם היא מרמזת שהיו זמנים שהאדם לא ידע למנות מספר פריטים מעבר לשניים או שלושה.[6]

תופעה זו של "עיוורון מספרים" אפשר למצוא גם אצל ילדים צעירים כפי שמחקרה של דסקודרס (1921) [7] הדגים בדרמטיות רבה. דסקודרס הציגה לילדים בגילים שונים מספר פריטים ובקשה מהם לשים מספר זהה של פריטים לאלו שהוצגו מולם. כשהיו רק שניים או שלושה פריטים, ילדים בני שנתיים וארבע היו יכולים לבצע את המשימה ללא שגיאות, אבל כשדסקודרס הציגה לפניהם קבוצות פריטים גדולות יותר, הילדים עשו הרבה שגיאות. הילדים בגילים אלה שהיו בקיאים רק במספרים בגבול השלוש, לא היו יכולים לשחזר את מספר הפריטים הנכון מעבר לגבולות מספר שלוש, אפילו כשהייתה מונחת דוגמא מוחשית של המספרים הגדולים יותר ממש מול עיניהם. במחקרה, דסקודרס הראתה באופן משכנע שיכולת ילדים לזיהוי מספר פריטים בקבוצה מוגבלת לגדליי מושגי המספרים שבשליטתם.

 <u>תעתועי מספרים</u>

לעיתים קרובות אנחנו נופלים קורבן להתרשמות כוזבת שמבנים שאנו בוחנים בעולם החיצוני בתיווכם של מושגים תבונתיים וחשיבה מודעת, נכפים עלינו מבחוץ על ידי הסביבה הפיסית. זיהוי מספרים היא דוגמה מובהקת למלכודת זו. מרגע שרכשנו מושגי מספרים לא רק שאנו יכולים לזהות את מספר הפריטים של קבוצות קטנות בלי למנותם, אנו גם נוטים לחשוב שהמספר עצמו הוא מציאות פיסית שיש לה קיום עצמאי משלה. מכיוון שהבנתנו את המספרים משפיעה על הדרך בה אנו בוחרים ללמדם לילדנו, מן הראוי שנבדוק נושא זה מקרוב. אם כן, הבה נחזור לבחון מחדש את זיהוי המספר של שלושה תפוחים.

'שלושה תפוחים' הוא דמוי אינטגרטיבי שמעורבים בו שני מושגים נבדלים זה מזה שאין כל קשר ביניהם: 'תפוח' ו-'שלוש'. מבין שניהם, רק למושג, 'תפוח' יש תכונות פיסיות שיכולות ליצור מידע חושי, ה-'שלוש' בדימוי הזה, הוא מושג מופשט תוצרת פעילות מוחנו. אמנם ראיית קבוצה של שלושה תפוחים עשויה לעורר את המושג, 'שלוש', אצל אדם בעל ידע של מספרים, אך, כדברי המשורר: "אין דבר בעולם שיש בו היכולת להפוך קבוצה למערכת חשיבתית מסוימת מלבד בחירתנו להביט כך בקבוצה הזאת". [1] מכיוון שהמספרים עצמם הם לא תופעה פיסית, הגירויים החושיים שנוצרים על ידי קבוצת תפוחים מתייחסים רק לזיהוי התפוחים עצמם כ-'תפוחים' (להבדיל מתפוזים למשל), לא לזיהוי מספרם. ההקשר היחידי לזיהוי מספרם (שלוש) הוא מושג תבונתי בר קיימא של המספר 'שלוש' במוחו של המתבונן. לכן מקור הכרת מספר

התפוחים בקבוצה, כשלוש (ולא כשתיים, ארבע או חמש) נמצא במאגר מושגי המספרים הקיימים במוחנו אנו ולא באיזה שהם גירויים חושיים שמקורם בעולם החיצון (כמו קבוצת התפוחים הנ״ל). אבל האופי האינטגרטיבי של מערכת השגת העולם שלנו מקשה עלנו להתנער מהתחושה שלמספרים יש קיום עצמאי מחוץ למוחנו. בדוגמא של זיהוי מספריי המנייה אנו נוטים למזג זה עם זה את מושג המספר המופשט והפריטים המוחשיים שבזכותם המספר מגיע לתשומת ליבנו.

כאשר אנו מאבדים את היכולת להפריד בין הרעיון המספרי והפריטים המוחשיים שמיצגים את יחידותיו, אזי, שני מושגים שאין שום קשר מהותי ביניהם נתפסים כחלק בלתי נפרד זה מזה ומובנים כישות אחת. לכודים בתעתועי הדימוי הזה, יש לנו נטייה לראות את מספרי הפריטים שזיהינו בתיווך מאגר המושגים שלנו, כאילו היו תופעה חיצונית עם קיום פיסי עצמאי שאינו תלוי במחשבה. על התופעה הזאת כתב המתמטיקאי רימונד ווילדר: ״מתמטיקאים בעצמם נוטים להתעלם או לשכוח את הטבע התרבותי של עבודתם ונסחפים לתחושה שהמושגים בהם הם עוסקים מייצגים מציאות שקיימת מחוץ להוויתם התרבותית.״ [2] לדוגמא הוא מצטט מתמטיקאי ידוע מהמאה העשרים כך: ״אני מאמין שהמציאות המתמטית נמצאת מחוץ לנו, והתפקיד שלנו זה לגלות אותה, או להתבונן בה, והמשפטים אותם אנחנו מוכיחים ומתארים בלשון גבוהה כאילו היו 'יצירותינו' הם פשוט רישום תצפיותינו.״ [3] בנימה דומה, המתמטיקאי, לאופולד קרונוצ'קר, באמירתו המפורסמת קבע ש: ״המספרים החיוביים השלמים נוצרו בידיי אלוהים, אבל כל שאר סוגי המספרים הם מעשי האדם״. ובספר שיועד למורי בתי ספר תיכוניים, הוא הסביר ש: ״המספרים: ... 1,2,3,4,5 נקראים *מספרים טבעיים* כי יש להם קיום טבעי שאינו תלוי באדם. לעומתם מספרים ששייכים למערכות יותר מסובכות, נחשבים למבנים שכליים של האדם.״ [4]

מתמטיקאים יכולים ליפול ברשת תעתועי המספר בלי לגרום נזק לעבודתם, כפי שטוען ברטנד רסל: ״השאלה מה זה מספר? זאת *שאלה* שמתמטיקאי לא צריך לשאול כל עוד הוא יודע מספיק טוב את התכונות של מספרים כדי להסיק את התאורמה שלו.״ [5] אולי זה יישמע אירוני, אבל דווקא מוריי כיתות היסוד חייבים להיות מודעים לתהליכי מיזוגם של שני מושגים שהם בעצם שונים במהותם למקשה מגובשת כאילו היו מושג אחיד כדוגמת הדימוי, 'שלושה תפוחים', הנ״ל. שכן הכניעה לדחף ההתרשמות המיידית שמספרים בעצמם הם מציאות פיסית של העולם הסובב אותנו, הוביל ועדיין מוביל לדעה המקובלת שאפשר לרכוש מושגי מספרים באמצעות מישוש ופעילות עם עזרי למידה מוחשיים, או באמצעות התבוננות בעולם החיצוני באופן אינטואיטיבי, וללא צורך במעורבות חשיבה רציונאלית מודעת.

למרבה הצער לא מעט תאוריות פדגוגיות חסרות שחר מבוססות על אפיסטמולוגיה מטעה זו וגורמות לפגיעה ביעילות הוראת החשבון בבית הספר היסודי.

3-3   *סֻבִּיטְצִיָה*: זיהוי מספר בהרף עין ללא מנייה

נייסר טוען שאותם תהליכים תבונתיים אינטגרטיביים שמאפיינים דימוי, מעורבים גם בקליטה ויזואלית של המציאות.[1] משמע, יש קשר בין זיהוי מיידי של מספר הפריטים המדויק בקבוצות קטנות, הידוע בשם: *סֻבִּיטְצִיָה*, ותהליכי דימוי של מספר מסוים, מכך ניתן להסיק שהבנת תהליכי סביטציה של קבוצות מוחשיות, עשויה לעזור לנו בהבנת תהלכי המשגת מספרם של קבוצות חופפות בחשיבה מופשטת.

זיהוי מיידי של מספר הפריטים המדויק בקבוצות קטנות או *סֻבִּיטְצִיָה*, מעלה שתי שאלות: באיזה גדלים מדובר, ומה הם התהליכים שקובעים גדלים אלו. למרבה המזל נעשו מספר ניסויים ששופכים אור על סוגיה זו.

הניסוי של ס. ג'בונס ב-1871: *"היכולת של הבחנה מספרית"*, שנעשה 78 שנים לפני שקאופמן וצוותו (1949) טבעו את המונח, *סביטציה*, הוא אולי מבין הניסויים הראשונים שעסקו בנושא הזה. בשביל לחקור יכולת זאת, ג'בונס השליך כמות מקרית של פולים לתוך קופסה וברגע שהפולים הגיעו למצב של רגיעה, הוא העריך את מספרם "ללא שמץ של היסוס " וכתב מספר זה. לידו הוא כתב את המספר שאליו הגיע באמצעות מנייה של אותה קבוצת פולים. ג'בונס מצא שכאשר מספר הפולים היה נמוך מחמש, ההערכה שלו הייתה ללא שגיאות. מעל למספר זה כמות השגיאות עלתה ביחס ישר לגודל כמות הפולים שהוא השליך לקופסה.[2]

שבעים שנה מאוחר יותר י. ה. טאווס (1941)[3] עשה סדרת ניסויים שמטרתה הייתה לחקור איך תנאים שונים כמו חלוקה, צפיפות, מערך, גודל פריטים והגודל הכולל של קבוצתם, משפיעים על הערכת מספר הפריטים בקבוצות. בעוד שארבע מהניסויים עסקו בהערכה השוואתית, הניסוי החמישי עסק בהערכה מוחלטת של ערך מספרי. בניסוי זה טאווס השתמש במספר שדות שונים של קבוצות נקודות בטווח של שתיים עד מאה ושמונים נקודות. הוא הקרין על מסך למשך חמישית שנייה כל אחד משדות הנקודות האלה לקבוצת סטודנטים, וביקש מהם לדווח לו: א. כמה נקודות הם רואים; ב. עד כמה הם בטוחים שתשובתם מדויקת. תוצאות הניסוי של

טאווס הראו שבין שש לשמונה נקודות התחילה ירידה בדיוק תלולה של הערכת מספר הנקודות שחפפה לירידה בביטחונם של הסטודנטים בתשובותיהם. בסקירת הניסויים שלו בצרוף לסקירות של ניסויים נוספים בנושא (כולל הניסוי של ג׳בונס, הנ״ל), טאווס שיער שהשינוי החד בדיוק ה-דיווח בין קבוצות קטנות משש לבין קבוצות גדולות יותר מראה שהמנגנון התבונתי שמעורב בהערכת שדות הנקודות בעלי ערך מספרי נמוך משש נקודות, שונה מזה של המנגנון שמעורב בהערכת שדות הנקודות בעלי ערך מספרי גבוה משש נקודות.

שמונה שנים מאוחר יותר, בחקירת "אבחנת מספר וויזואלי" י.ל. קאופמן, מ.וו. לורד, ט. וו. ריס, וג׳.י. וולקמן, טבעו את המונח, *סביטציה*, מהמילה הלטינית "סביטוס" משמע, "חטוף", לציון התהליך המהיר של קליטת המספר המדויק של פריטים בקבוצות קטנות משש, ואת המילה "אומדן", לציון התהליך הפחות מדויק והחלטי להערכה מספרית של קבוצות פריטים גדולות משש.[4] כל הניסויים שתוארו לעיל מראים שהאפשרות לנקוב במספר מדויק של פריטים בקבוצה במבט חטוף מוגבלת למספרים קטנים משש. תוקף המסקנה הזאת הוכח בניסוי של סלצמן וגרנר (1948) שהראה שלשינון וחזרות אין השפעה על הגבול הזה.[5]

גבול הסביטציה הוא לא גבול ההכרה האנושית היחיד שידוע לפסיכולוגים. במסתו: *"מספר שבע הכשוף הוסף או החסר שניים: כמה מוגבלויות על יכולתנו לעבד מידע"*. ג׳ורג׳ מילר (1956) בדק תוצאות של כמה מחקרים שהתחקו אחר גבולות יכולת האדם *לעיבוד מידע*, או היכולת *"להעביר מידע"*.[6] כמו בתחום הסביטציה, יכולות אלו נמדדו על ידי השוואת כמות המידע שהוצגה למשתתפים בניסוי לעומת כמות המידע שהם יכלו לדווח עליו באופן מדויק. מקום החיבור שבו המשתתפים בניסוי לא הצליחו יותר לתאם את תגובתם למידע שהוצג להם ציין את 'גבול' או 'תחום' יכולת עיבוד המידע.

חלק מהניסויים שמילר סקר עסקו בגבולות *'הזיכרון המיידי'* הידוע גם בשם, *'זיכרון מילולי'*, זיכרון זה הוא היכולת לזכור מידע שנקלט לפני שניה או שתי שניות. בדרך כלל זיכרון מילולי נבחן על ידי מספר המילים, האותיות, או הספרות שהמשתתף בניסוי יכול לחזור עליהן אחרי חשיפה קצרה. כמו כן הוא דן במחקרים שעוסקים בגבול *'התפיסה הווזואלית'* (ידוע גם כ-*"גבול יכולת הקשב"*) שמסמן את מספר העצמים שהמשתתף בניסוי יכול להכיל או לזכור. מילר מצא שגבולות *'הזיכרון המיידי' או המילולי'*, כמו גבולות *'התפיסה הווזואלית'* הם בסביבות שבע, כפי שניסויים אחרים שחקרו את גבולות 'עיבוד מידע'. הוא תמה האם העובדה שכול הגבולות הללו הם בסביבות שבע מראה שיש להם מרכיב תובנה משותף, אבל הוא בעצמו הטיל ספק ברעיון הזה.

ארבע שנים מאוחר יותר, ג'ורג' ספרלינג התפלמס עם מסקנתו של מילר. ספרלינג טען שבין אם הגירוי מוצג באופן סדרתי או באופן מרחבי, או בין אם הוא שמיעתי, וויזואלי או מישושי, תהליכיי קליטת המידע של המשתתפים בניסוי חייבים לערב תהליכיי זיכרון כדי שיוכלו לדווח עליו. כלומר, הזיכרון הוא מרכיב שמעורב בכל משימות קליטה ושידור מידע, והוא אחד הגורמים שקובעים את גבולותיהם.

ספרלינג הניח שבניסויים של תפיסה וויזואלית המידע הזמין למשתתף במשך ובזמן קצר ביותר מיד אחרי החשיפה לגירוי הוויזואלי, הוא רב מזה של המידע שהם יכולים לזכור ולדווח זמן קצר אחרי החשיפה. לפיכך, גבול התפיסה הוויזואלית הוא למעשה גבול הזיכרון המילולי/מיידי, שהוא מספר הפריטים *המזוהים* שאפשר לזכור אחרי חשיפה מהירה. במחקרו *"המידע הזמין בחשיפה קצרה"*, שמטרתו הייתה לבדוק את הנחתו, ספרלינג (1960) הקרין על מסך קבוצות של אותיות ואחר כך שאל את המשתתפים בניסוי, איזה אותיות הם זכרו. הוא הצטרך לעקוף את הגבול שנכפה על ידי הזיכרון המילולי/ מיידי, כדי להשיג תוצאות אמינות, לכן הוא המציא מהלך שקרא לו 'דיווח-חלקי'. באמצעות הדיווח-החלקי, ספרלינג היה יכול להראות ש-"במשך חשיפה קצרה ועוד עשירית שניה אחריה, לרשות המסתכל היה מידע רב יותר פי שתיים או שלוש מאשר לדיווח שהוא יכול להפיק שניה שלמה אחרי החשיפה". [7]

ספרלינג שיער שהדיוק הגבוה בדיווח-החלקי הוא תוצאת היכולת של המסתכל להמשיך לקלוט את תדמית האותיות שהשתהתו בקולטני קרנית עיניו אחרי שהגירוי הוויזואלי הוסר ונמוג. [8] זיכרון כזה קרוי *'זיכרון צילומי'*, מחקרים מראים ש-*'זיכרון צילומי'* יכול להשתהות בקרנית עד שישית של שניה. מכיוון ש-*'זיכרון צילומי'* מתדרדר במהירות רבה, ספרלינג הניח ש *"תוך שניה אחת אחרי החשיפה, המידע אינו חורג יותר מתחום הזיכרון המילולי"*. [9]

אם אמנם, כפי שנייסר טוען, *"*לזהות, הוראתו על פי רוב, לקרא בשם, לכן לא רק להשיג תוכן ראיתי אלא גם תוכן לשוני-*שמיעתי"*, [10] הרי שפרוש התגלית של ספרלינג היא שגבול התפיסה הוויזואלית משקף את מה שניתן להשיג ואחר כך לשמור באופן מלולי כל עוד הזיכרון ה-צילומי פעיל. בהסתמכו על מחקרו של ספרלינג, נייסר העלה השערה שגבול הסביטציה מצביע על מספר הפריטים שניתן למנות לפני שתדמיתם נמוגה מהזיכרון ה-צילומי. הוא טען שרק לעיתים רחוקות התבוננונת פנימית מגלה התנסות ברורה של מנייה, אבל חוסר מודעות למנייה אינו מוכיח שהיא לא הייתה קיימת, ממש *"*כפי שגם התבוננונת פנימית לא מגלה את הלחץ הסדרתי של אצבעותיי על מקשיי המקלדת". [11] במילים אחרות, אף על פי שגבול התפיסה הוויזואלית,

שבמישור ההתנסות האינטואיטיבית נתפסת ס-טהרת הפעילות הראייתית, יש בה בעצם גם מרכיבים מילוליים שביסודם הם סדרתיים. אם אפשר לזהות כל פריט ופריט בקבוצה רק זה לאחר זה, הרי שסביטציה זה תהליך סדרתי, גם אם הפריטים מוצגים במקובץ. לכן יש לצפות שלזהות שני פריטים במבט אחד ייקח יותר זמן מאשר לזהות פריט אחד, ולזהות שלושה פריטים, יותר משניים.

אכן, עובדות אימפריות התומכות במסקנה ההגיונית הזאת אפשר למצוא במחקרו של קאופמן וקבוצתו: "אבחנת מספר וויזואלי," שהוזכר לעיל. בעיקרון, מחקרו של קאופמן ושות' היה דומה לניסוי החמישי במחקר של טאוס (1941). אבל במחקרם היה ממד נוסף, והוא שתגובות חמשת המשתתפים נמדדו לא רק לפי דיוק התגובות וביטחון המשתתפים בתשובות שנתנו בקביעת מספר הנקודות, אלא גם לפי *זמן-ההגבה'* לתצוגתם, כלומר משך הזמן שעבר בין החשיפה לתצוגה לבין זמן ההגבה עליה. תוצאות המדידה של *'זמן- ההגבה'* הראו עליה יציבה ועקבית ככל שמספר הפריטים בקבוצות של אחד עד שמונה, גדל.

כמו במחקר של טאוס, המשתתפים נתבקשו לקבוע את מספר הנקודות בקבוצות שהוקרנו ללא סדר מסוים, למשך חמישית-שנייה. בסך-הכול היו שלושים וחמש קבוצות שתיארו קבוצות בטווח של נקודה אחת עד למאתיים ועשר נקודות. הניסוי התחלק לשני חלקים: בראשון, המשתתפים נתבקשו לשים את הדגש על דיוק בדיווח, ובשני הם נתבקשו לשים את הדגש על מהירות. בחלק שהדגיש מהירות, התוצאות הראו שהציון 'זמן-ההגבה' עלה בעשירית-שנייה בין נקודה אחת לשתי נקודות, בחמישית-שנייה בין שתים ושלוש נקודות, בשמינית-שנייה בין שלוש לארבע נקודות, שוב בחמישית-שנייה בין ארבע לחמש נקודות, ובשליש-שניה בין חמש לשש נקודות. הסכום הכולל (סך הכול) של העלייה ב 'זמן-ההגבה' של הסביטציה של קבוצות של אחת עד שש נקודות, היה שלושה-רבעים של שנייה, כלומר, ממוצע של עליה בשביעית -שניה בחציון ההגבה עם כל נקודה נוספת.

המחקרים שנעשו עם ילדים מראים עליה אפילו גדולה יותר ב 'זמן-ההגבה'. ההבדל בזמן-הגבה בין נקודה אחת לשתי נקודות הוא פי-שתיים מזה של מבוגרים, וההבדל בין שתי נקודות לשלוש הוא פי-שלוש מזה של מבוגרים. [12] חיבור בין ההבחנה של דונלד ג'. מאקאי שדיבורם של ילדים איטי יותר מזה של מבוגרים, ובין תוצאות זמן-התגובה האיטית יותר של ילדים בסביטציה, מחזק את ההשערה של מעורבות מילולית בסביטציה. [13]

מסתבר אם כן שמה שנראה לנו כתהליך וויזואלי פשוט שמתרחש בהרף עין, זה בעצם תהליך סדרתי מילולי שמתמשך לאורך זמן וחבויים בו מנייה וזיכרון מיידי/מילולי. בגלל שבמהלך המנייה יחידות מוכרות באופן וויזואלי וגם באופן מילולי בו-זמנית, הן מופקדות בזיכרון ביעילות, ועל ידיי כך ניתן למתבונן לשקם את תדמית סכומם. שהרי זיהוי מספר מסוים דורש הכרת יחידות נפרדות נבדלות, בעת ובעונה אחת עם הכרת סכומן הכולל כישות נבדלת . זיכרון מילולי אם כן, הוא גורם פעיל בתפיסה וויזואלית של מספר. לא פחות חשוב לזכור שליכולתנו להכיל את המספר המדויק של יחידות בקבוצה, יש גבול. וגבול זה הוא בסביבות שש.

מצדדי התאוריה שלבני אנוש יש חוש-מספר מולד, מדמיינים לעצמם מעבד מספרים פנימי שמאפשר לחיות ותינוקות בני יומם, לזהות ערך מספרי של קבוצה מתוך דחף טבעי, וללא צורך בתפקוד תבונתי או חשיבה סמלית. לכן, אין זה פלא שהם כופרים בטענה המוצגת כאן שהכרת מספר היא לא רק תהליך וויזואלי אלא גם תהליך סדרתי מילולי שמצריך מאמץ מודע ומושגי. אציין כאן אחד ממחקריו של סטניסלס דהיין, מהידועים ביותר שבין מצדדי הרעיון של חוש-מולד למספר. המחקר של דהיין ולורנט כהן על המכניזם של סביטציה (1994), הוא דוגמא מופתית לנאמר לעיל, שכן, ההשערה שהנחתה את מחקרם של דהיין וכהן הייתה שהההבדל המרכזי בין מצדדי התאוריות השונות בנושא הסביטציה, היא השאלה האם סביטציה הוא תהליך סידרתי בדומה למנייה או "תהליך מקבילי מרחבי".

דהיין וכהן ניסו להוכיח שהערכת כמות קטנה לא מתבססת על תהליך מנייה סדרתי אלא על תהליך מרחבי חופף. לצורך זה הם בחנו חולים עם פגיעה מוחית שאיבדו את היכולת לסקור מידע וויזואלי באופן סידרתי. תוצאות מחקרם לא היו חד משמעותיות, משום שהם הראו שלארבעה מתוך חמישה המשתתפים בניסוי הייתה בעיה משמעותית עם סביטציה של שלושה פריטים, ולכמה מהם הייתה בעיה אפילו עם סכומים קטנים יותר כמו אחד או שניים. אף על פי כן דהיין וכהן המשיכו לדבוק בתאוריה שסביטציה הוא תהליך מרחבי ולא סידרתי. אך הודו שיתכן שתהליך ה "סביטציה לא בהכרח מבוסס על פעולה יחידה," ויתכן ש "ההכרה המהירה בכמויות של קבוצות בנות שלוש פריטים שונה מזאת של הכרה בקבוצות של פריט אחד או שניים." לפיכך הם הגיעו למסקנה ש "טבע תהליך הסביטציה עדיין לא ידוע".[14]

בנוסף לדהיין וכהן היו עוד מחקרים בנושא של דיוק וזמן-תגובה בסביטציה שלא תמיד תאמו בדיוק לתוצאות המחקר של קאופמן ושו"ת. למרות שאין עדיין הסכמה על טבע וגבולות הסביטציה ויש לנו עוד מה ללמוד בנושא, הרי שמסיקור המחקרים עולה שיש הסכמה

כללית שהתגלית של ג'בון שכבר בשנת 1871 קבעה שיש גבול ליכולתנו להשיג בהיבט עין אחד את המספר המדויק של פריטים בקבוצה, ושגבול זה הוא בסביבות חמש—היא עדיין תקפה.

ההשערה שיכולתנו להשיג מספר מסוים במציאות מוחשית משקפת את יכולתנו ליצור תדמית ברורה של מספר מסוים מצביע על כך שאנו יכולים לדמיין ולהבין באופן מוחלט ואמין רק מספרים בגבולות השש. המסקנה הזאת מעלה את השאלה: איך אנו יוצרים מושגי מספרים מדויקים מובנים ואמינים למספרים שאיננו יכולים לדמיין בבהירות ובפרוט. שאלה זאת שייכת לחלק נפרד שעוסק בהסגת המספר וסימולו, שהוא הנושא של פרק 4.

מונחון 3 -3:

תהליך מרחבי: תהליך של קליטת העולם הפיסי בכללותו שמתרחש בעיקר בתת-מודע. זהו תהליך ראייתי-אינטגרטיבי ביסודו שיש בו התייחסות לגירויים שונים באופן מיידי ובעת ובעונה אחת.

תהליך סידרתי: תהליך רצוני ומודע בעיקרו בו נבחנים הגירויים הראייתיים והשמיעתיים באופן סדרתי זה בעקבות זה כמו בקריאה, כתיבה, וקליטת מילים ומשפטים.

<u>4-3   אומדן:</u>

כנזכר לעיל, טאווס (1941) הבדיל בין שני סוגי מנגנונים המעורבים בתפיסת מספר הפריטים בקבוצה: האחד שפועל מהר בהערכה מדויקת של מספר פריטים בקבוצות קטנות משש, והאחר שבדרך כלל פועל יותר לאט ובפחות דיוק להערכת קבוצות גדולות משש. קאופמן ושו"ת שיכלו למדוד את משך זמניי ההגבה לקבוצות בעלות כמויות שונות של נקודות, תיעדו עלייה עקבית בזמניי ההגבה עם כל תוספת של נקודה בקבוצות, כל עוד הן היו בגבול השש.[1] מעל לשש זמניי ההגבה נשארו קבועים. העדר עלייה בזמני ההגבה עם עליית גודל הקבוצות, לא רק מצביע על שינוי בגישה אסטרטגית ל-אומדן של קבוצות קטנות משש, לעומת זו שמשרתת קבוצות גדולות משש, אלא גם מספק רמז לטבען השונה של שתי הגישות. בניגוד לסביטציה שהוא תהליך סידרתי/זמני, המרמז על מנייה סמויה, אומדן של קבוצות גדולות משש מבוסס על תהליך מרחבי בו זמני של התרשמות כללית, שהוא בהכרח פחות מדויק.

בניסוי של קאופמן וקבוצתו, המעבר לגישה של התרשמות התבטאה לא רק בעלייה ניכרת של שגיאות, אלא גם בנטייה של המשתתפים להשתמש במספרים מעוגלים להגדרת הכמויות. נטייה זו מעידה שמלכתחילה תשומת לבם הייתה מכוונת להשגת הערכה כללית של דרגת גודל ולא להשגת ערך מספרי מדויק. דוגמה בולטת למגמה זאת תועדה כאשר המשתתפים בניסוי של קאופמן ושו״ת העריכו קבוצות של 134, 1152ו-170 נקודות כ-100 נקודות. הקבוצה הקרובה ביותר ל-100 (זאת עם 103 נקודות), נתפסה כ- 75 נקודות.[2]

אף על פי ש-אומדן קבוצות גדולות באמצעות התרשמות היה גס ולא מהוקצע, הוא לא היה שרירותי, כפי שהתוצאות מרמזות. נראה שמושגי מספרים מעוגלים שימשו כבסיס לשיקול דעתם של המשתתפים בניסוי. בלא יכולת להיעזר בניתוח מדויק או במנייה של יחידות, המשתתפים נאלצו להיעזר ב-'ניחוש מושכל', שבאמצעותו תיאמו את אומדן ההתרשמתי הבלתי מדויק עם ערך מספרי מפורט ומסוים.

אציין כאן שמחקרים נוספים מראים ששיפוט אומדן באמצעות התרשמות כללית מושפע גם מגודל השטח עליו פזורים הפריטים וגודל הפריטים עצמם, שכן פיזור פריטים על שטח גדול יותר ופריטים גדולים יותר נתפסים ככמות גדולה יותר. כמו כן, גם אופן סידור פריטים משפיע שכן סידור פריטים בגושיי קבוצות נתפס ככמות קטנה יותר לעומת פיזורם בצורה שווה.[3]

המשתתפים במחקרם של קאופמן ושו״ת היו תלמדי אוניברסיטה וקרוב לוודאי שהיו בעלי ידע מהימן של מספרים כמו 135, 152, 170 ו 103. למרות זאת כשהוצגו להם מספרים אלה בדרך מוחשית, הם עשו לא מעט שגיאות זיהוי חמורות. ההבדל בין הבנה ובהירות הכרה של מספרים גדולים במופשט אצל בעלי השכלה מספרית, ובין יכולתם לזהות אותם מספרים במציאות מוחשית, מצביע על כך שהצגת מספרים גדולים בדרך מופשטת וסמלית היא יותר משמעותית ומהימנה מהצגתם באופן מוחשי. מסקנה זו תואמת לירידה החדה בביטחון של המשתתפים בדיווח קבוצות גדולות של נקודות, כפי שהמחקרים של טאווס וקאופמן ושו״ת מתעדים.[4]

על איך אנו בכל זאת משיגים מספרים בדיוק ובוודאות גם אם הם גדולים מדי בשביל להשיגם במציאות חושית או לדמיין אותם בצורה מפורטת, תקראו בפרק הבא.

4

המשגת מספרים וסימולם

<u>1-4 ניגודיי מגמות בהמשגת מספרים:</u>

בחשיבה מתמטית המונח *"מספר"* מצביע על **מושג-גודל** מופשט, מדויק, ומוחלט. גודל זה מובן ומוגדר ככמות סגולית *של יחידות.* המספר חמש, למשל, מורכב מיחידה + יחידה + יחידה + יחידה + יחידה, הוסף יחידה - קבלת שש, החסר יחידה - *קבלת ארבע. היחידות* הן מרכיב חיוני למושג המספר, כי רק בזכות החלוקה ליחידות, גודל יכול להיבחן בשיקול דעת ולהיות מוגדר באופן מוחלט ומדויק. המונח **"מושג-מספר"** מדבר על **ייצוג שכלי**, או דימוי של סכום-יחידות סגולי שאפשר להיזכר בו ולשקמו באופן רצוני. הדגש כאן הוא על ה-*'סגולי'*-- ההכרה שדבר-מה כולל איזה שהוא סכום של יחידות, או רעיון כללי *של 'רבים'*, היא לא מושג-מספר במובן המתמטי, כיוון שמבחינה מתמטית כל מספר ומספר מהווה מושג נבדל וייחודי של גודל. כדי להצדיק את המונח *'מושג-מספר'*, *'סכום'* מסוים של יחידות חייב להיות מזוהה כמהות מושגית ייחודית השונה מכל הסכומים האחרים: *'חמש'* לא יוכל להיות מזוהה כארבע או שש. מכאן, יצירת מושגיי מספרים מבוססת לא רק על ההכרה והזיהוי של יחידות נפרדות אלא גם על ההכרה והזיהוי של סכומים נפרדים. זיהוי יחידות שמרכיבות מספר - מחד גיסא וזיהוי סכומן - מאידך גיסא, הם שני תהליכים סותרים: זיהוי היחידות דורש פירוק הסכום ליחידות נפרדות, בשעה שזיהוי סכומן דורש להכיר את אותן היחידות כישות בלעדית שמשלבת את כולן יחדיו. שתי משימות שונות אלו דורשות תהליכים שכליים מנוגדים זה לזה. זיהוי היחידות הוא תהליך אנליטי, מודע וסדרתי ביסודו משום שהוא דורש תשומת לב מכוונת ושיטתית לכל יחידה ויחידה--זו אחר זו. לעומת זאת, זיהוי הסכומים הוא תהליך אינטגרטיבי- וויזואלי-מרחבי שדורש מודעות ותשומת לב לכל היחידות בעת ובעונה אחת כדי לזהותם כמכלול ייחודי.

שתי גישות אלו לעיבוד ידע הן שוות ערך בחשיבותן ליצירת מושגיי מספרים: פעולת זיהוי היחידות המודעת מספקת את חומר הגלם שעליו מבוססת בניית תדמית מספר, לעומת זאת, פעולת מיזוג כלל היחידות למהות סגולית אחת נחוצה לשם יצירת הזהות המושגית של הסכומים השונים. ללא זיהוי יחידות, אין במה לבנות את תדמית סכומם, ואילו ללא מיזוג יחידות לשלם סגולי הן

נשארות ערמת יחידות סתמיות ללא תדמית או זהות מספרית. בגלל שסיווג וזיהוי היחידות קודם לקיבוצם לתדמית כוללת של סכום, המשגת המספר מובנת כתהליך של הפיכת מידע פרטני-סדרתי של יחידות למידע מרחבי-וויזואלי של סכומם. המשגת מספרים, אם כן, היא פעילות יצירתית שמבוססת על חשיבה מודעת וסדורה—שהיא חשיבה שמאפיינת הגות המתמטית.

אולריך נייסר סבר שאותם התהליכים האינטגרטיביים שמאפשרים ראייה רגילה מעורבים גם ביצירת תדמיות וויזואליות.[1] אכן שתי הפעולות: לראות ולדמיין, דורשות שילוב של נתונים מגוונים גם אם מקורות המידע שלהם שונים. יכולתנו לרתום תהליכים ספונטניים-תת-הכרתיים של ההשגה הוויזואלית לעיצוב מושגים אנליטיים הכרתיים של מספרים, אפשרית בגלל השוני בין המרכיבים התבונתיים שמבדילים בין יצירה רצונית של תדמית לבין ראייה רגילה: ראייה רגילה נגרמת על ידי גירויים מיידיים שמקורם במציאות החושית של העולם החיצון, לעומת זאת, יצירת תדמית נגרמת על ידי פעילות המוח עצמו ולכן אינה תלויה בגירויים של העולם החיצון. המידע הפיסי שאנו קולטים דרך החושים עומד בפני עצמו ואינו כפוף למערכת תובנתו של הצופה, לכן המציאות הפיסית עצמה היא זו שמכוונת וקובעת את תוכן התפיסה החושית של מציאות שעליה אין לצופה שליטה. אדם לא רואה תפוז כשהוא מסתכל על תפוח (בהנחה שהוא כבר יודע את ההבדל). לעומת זאת דימוי שנוצר באמצעות פעילות חשיבה שאינה תלויה במציאות פיסית, יכול ל-העזר במידע שמטמין ומעובד בדרך רצונית ליצירת תדמית שהיא תוצאה של תהליך מודע. יתרה מזאת, מפני שבנית דימוי כלשהו יכולה להיווצר על ידי גירויים שהם לא וויזואליים[2] (המילים, 'אחת', שתיים', 'שלוש', למשל), אין שום דבר שמונע תהליך של יצירת תדמית מספרית שהיא תוצאה של חשיבה רצונית. עם גדילתם של המספרים, הם נעשים בהדרגה גדולים מדי לאפשרות יצירת דימויים מפורטים. אף על פי כן, כדי שהם יישארו משמעותיים מבחינה מושגית, יש צורך לשמור על סכום היחידות בצורה מדויקת ובאתו הזמן גם על קליטת סכומם כישות כוללת שלמה. המתח בין הכרת יחידות והכרת סכומם ממשיך להשפיע על דרך בניית מושגים מספריים לאורך כל הרצף האין סופי שלהם.

מונחון 4 -1:

סגולי: בלועזית, ספציפי

סימול: שימוש בסמל חזותי או שמיעתי לציון מושג, רעיון, פעולה וכדומה—יכול להיות מוחשי או מופשט.

גורם: כל אחד מן המספרים היוצרים מכפלה

מכפלה: תוצאה של פעולת כפל.

תהליך מרחבי: תהליך שיש בו התייחסות לגירויים נפרדים בעת ובעונה אחת

4 -2   עקרון כללי של רצף מושגיי מספרים וסימולם

הצורך בהתייחסות לכל היחידות הנמצאות במספר בצורה מדויקת מבלי לאבד את הזהות הכוללת של סכומם, ולהיפך, מושך את המוח לשני כיווניי פעילות מנוגדים: זיהוי פרטני של יחידות, שהוא בהכרח תהליך סדרתי, וזיהוי הסכום הכולל שלהן כשלמות בפני עצמה, שהוא תהליך מרחבי בו זמני. קושי המשימה הזאת גדל ככל שהמספר גדל. מחקרים רבים הראו שיכולת המוח האנושי לתפוס באופן מדויק את מספר הפריטים של קבוצה בהרף-עין ללא מנייה מוגבל לקבוצות בתחום השש. חוקרים קוראים לגבול זה, "מרחב הסביטציה" (ראה פרק 3). מכיוון שמרחב הסביטציה משקף את גבולות היכולת האנושית ליצור דימוי או ייצוג שכלי מדויק של מספר הפריטים בקבוצות, סביר להניח שמושגיי מספרים גדולים משש לא יכולים להיווצר מדמוי של סכום יחידות בלבד. בנית דימוי מספרי בעזרת חלוקת היחידות לקבוצות קטנות יותר עשויה לעזור רק במידה מצומצמת. לכן המשגת מספרים גדולים מחייבת מעורבות של אמצעי חשיבה נוספים, הלוא הם, שימוש בחשיבה סמלית, ורמות שונות של הפשטה.

כדי להעריך נכונה את תפקיד החשיבה הסמלית בהמשגת מספרים גדולים, חשוב להבין שהסימול הוא הרבה יותר ממנגנון קידוד. סימול משנה לחלוטין את דרכי ההזכרות ויצירת מושגים ומגביר במידה עצומה את יכולת המוח האנושי להכיל ולשלוף מושגים ובכך להרחיב באופן משמעותי את האפשרויות לשיוך מושגים זה לזה, לסווגם, ולקדדם מחדש.[1] לא פחות חשוב - הסימול מאפשר לנו לבצע את הפעילויות השכליות האלו ללא התייחסות לגירוויי העולם החיצון והתנסות חושית, ובזאת לשחרר את תהליכי החשיבה מהתלות והריתוק למידע חושי. יכולת זאת להתנתק מגירוויים חיצוניים היא חיונית ליצירת מושגים מופשטים שאין להם ייצוג פיסי-- הדוגמא המופתית למושגים מסוג זה, הם מושגיי מספרים.

ברם, באבולוציה של המוח האנושי תהליכים אינם מושלכים כדי לפנות מקום לתהליכים מתקדמים יותר. במקום זאת, תהליכים ראשוניים כמו למשל: סיווג השגות הסביבה דרך החושים, ממשיכים לפעול ולהשתלב כחלק מהתהליכים שהתפתחו מאוחר יותר. לכן גם מושגים מופשטים טהורים שנרכשים באמצעות חשיבה רצונית- סמלית, חייבים להיות קשורים איכשהו לתוכן חושי כדי לרכוש משמעות.[2] אין דבר שמדגים את הסברה הזאת באופן יותר משכנע מהעקרונות שמנחים את מבנה סימול מספרים, כפי שהוא משתקף במערכות שיטות ייצוג מספרים שהשלימו את התפתחותם.

לאורך הדורות ומרחבי התרבויות בעבר ובהווה, מערכות סימוליי מספר, שהשלימו את התפתחותם המילולית ו/או הוויזואלית, ניבנו בעקביות באופן כזה שיהיו ממדיהם של מספרים אשר יהיו--הם תמיד יוכלו להיות מובנים בגדר מספרים קטנים ומוחשיים יותר. באופן עקבי מתווה זה התממש על ידיי ביסוס הסימול על שני מושגיי מספרים שונים זה מזה: לאחד אפשר לקרא, *יחידה* ולשני נקרא, *סכום*.[3] ביחד, ה-*יחידות* ו-*הסכומים* יוצרים את *שיטת הבסיס* שמעצבת מערכת מדורגת ובלתי נדלית של ממדי מספרים. המונח, *בסיס* מתייחס לסכום קבוע של מספרים שלפיו נקבע מתי יש לחזור על המנייה מחדש עם יחידות בדרגה גבוהה יותר.[4]

בשיטות הבסיס, גודלי *הסכומים* מיוצגים על ידיי *מספרי* הבסיס, וגודלי היחידות מיוצגים על ידיי חזקות שונות של הבסיס. בשיטת הבסיס העשרונית ה-"*סכומים*" הם מספריי המנייה מאחת עד תשע, ו-"*היחידות*" הן היחידות העשרוניות: אחת, עשר, מאה, אלף וכן הלאה. לדוגמא, במספר "שבע-מאות", היחידה היא מאה, וסכומה הוא שבע. המספרים, אחת, עשר, מאה ואלף מייצגים מושגיי יחידות כי ניתן למנותם, לדוגמא: את היחידה, "מאה", אפשר למנות לסכומים שונים כמו: "שתי-מאות", "שלוש-מאות" ו-"שבע-מאות". המספרים מ-"אחת" עד "תשע" נחשבים לסכום משום שהם מיצגים טווח של סכומים אפשריים בתחום כל היחידות העשרוניות השונות, לדוגמא: "שלוש-מאות", "שלושה-אלפים", שלושה-מיליון". המספר, "שלוש-מאות", מובן כמכפלה של שני סוגים שונים של מושגיי מספרים: *סכום* (כאן שלוש), ו*יחידה* (כאן מאה). המספר, שבע-מאות, מובן כמכפלה של *הסכום* שבע ו*היחידה* מאה.

בהתאם למתכונת שיטת הבסיס, כאשר סכום יחידות בדרגת גודל מסוים מצטבר לסכום הקבוע של הבסיס, סכום זה יוצר *יחידה חדשה* בדרגת גודל אחת גבוהה מזאת *של* היחידות המרכיבות אותה. בשלב זה מניית היחידות מתחילה מחדש וממשיכה עד להצטברות הסכום הסטנדרטי שנקבע כבסיס וכך מתהווה "*יחידה חדשה-חדשה*", ומניית היחידות של דרגת הגודל ה-"*חדשה-חדשה*" הזאת מתחילה מחדש, וכן הלאה וכן הלאה עד אין סוף. בבסיס עשר, כאשר כל יחידות ה- "אחת" מצטברות לסכום עשר נוצרת יחידה עשרונית חדשה בדרגה גבוהה יותר היחידה: "עשר", וכשסכום יחידות ה- "עשר" מגיע לעשרה נוצרת יחידה חדשה-חדשה בדרגה גבוהה יותר, היחידה "מאה", וכן הלאה וכן הלאה.[5] בספרו, "*יסודות חדשים של חשבון*" (1872) ג'יימס ס. ב. תומסון מתאר את התהליך האין סופי של הדירוג העולה של *היחידות* כפי שהוא מתבטא בבסיס עשר בפשטות: "ככלל, כל עשר בדרג נמוך יותר הוא יחידה אחת בדרג גבוהה יותר הבא אחריו".[6]

עשר הוא הבסיס הנפוץ ביותר בכל הזמנים והתרבויות, אולי בגלל הזמינות של עשר האצבעות של ידיי האדם.[7] ולמרות שעשר חורג מגבולות גודל מספרי שניתן לדמיין בדרך מפורטת, דהיינו גדלים קטנים משש, הוא עדיין גודל מוחשי הודות למקורו - ידיי האדם. מאחר שכל גדליי היחידות הם חזקות שונות של הבסיס עשר (אחד הם: 10^0, עשר הם: 10^1, מאה הם: 10^2 , ואלף הם: 10^3, וכ"ו), עשר משמש כאבן יסוד להפשטה לצורך המשגת כל היחידות העשרוניות שהולכות וגדלות לאורך הרצף האין סופי שלהם. כל היחידות העשרוניות, אם כן, הם דרגות שונות של הפשטת המושג עשר. ואמנם חוקרים מציינים שהמילה "מאה" בכמה וכמה שפות פרושה, "עשר-חזק" או "עשר-שמן" והמילה, "אלף" פרושה "מאה-גדולה".[8] הודות לקשר המושגי עם עשר, כל מושגיי היחידות העשרוניות, באם הם מאה, אלף, או מיליון, קשורים איך שהוא לתוכן חושי שמעניק להם משמעות

בשיטות-בסיס, גודל הסכומים בכל דרגות הגודל השונות חייב להיות קטן ביחידה אחת מהבסיס עצמו. בבסיס עשר, אם כן, הסכום הגדול ביותר שניתן להשיג, לעולם לא יהיה גדול מתשע משום שהסכום הבא אחריו – עשר, יהיה יחידה חדשה בדרגה גבוהה יותר, לדוגמא: עשר *עשרות מהוות מאה שהיא* יחידה אחת גבוהה מעשר, ועשר *מאות מהוות את היחידה אלף* שהוא יחידה בדרגה הבאה. מפני שגודל *המספרים שמייצגים סכומים בשיטת הבסיס קטנים מעשר*, גם הם ניתנים להמשגה בעלת משמעות, לכן יהיו ממדיו *של מספר אשר יהיו - יסוד הסכומים תמיד* יהיה משמעותי.

טכניקת מנייה שבנוייה על שיטת הבסיס מאפשרת לנו להגדיר ולדמיין מספרים גדולים מבלי לאבד אפילו יחידה אחת גם כאשר ממדיהם גדולים מכדי יכולת לדמיין אותם בפירוט. מספרים אלו נשארים מובנים מבחינה מושגית בגלל החלוקה לשני סוגי מספרים ייחודיים: *יחידות וסכומים* שנוצרים על ידי המנגנון של שיטת הבסיס. בזכות שיטת הבסיס ניתן לנו לקשר כל מספר, יהיה גודלו אשר יהיה, למושג מספרי שהוא עדיין בתחום ההבנה והתפיסה האנושית ולכן בעל משמעות.

4 -3   <u>הבנת מושגיי 'סכומים' לעומת הבנת מושגיי "יחידות':</u>

הפרק הקודם עסק במבנה המושגי וייצוגי של מספרים גדולים שמבוסס על שני מושגיי יסוד: *יחידות וסכומים.* להלן נבדוק את המשימות השכליות שכרוכות בהבנת שני מושגים אלו.

אופן הבנת המושג: *יחידות,* והבנת המושג: *סכומים,* שונים זה מזה משתי בחינות: האחת,

התפקיד שכל אחד משני יסודות אלה ממלא בהגדרת והמשגת מספרים, ו-השנייה התהליכים השכליים השונים שפועלים בהבנתם. תפקיד *היחידות* הוא להגדיר את קטגוריית הגודל של המספר, כפי שמרמזים שמותיהם החילופיים: דרגה, סוג, מחלקה. בהשוואה, תפקיד *הסכומים* הוא להגדיר את מספר היחידות המדויק בתחום דרגת גודל של יחידה מסוימת. בכל הרכב של יחידות וסכומים שמבטא מספר, היחידה הגדולה ביותר היא זאת שמגדירה את דרגת הגודל הכולל של המספר, בזמן שהערכים המספריים האחרים מוסיפים את שאר פרטיו. למשל במספר 3,456 היחידה 'אלף', מגדירה את דרגת הגודל של המספר בכללותו, למרות שהסכומים של ה-'מאות', ה-'עשרות' ו-ה-'אחדות' גדולים יותר מסכומם של ה-'אלפים'.

כשאנחנו מעוניינים רק במושג גודל כללי, אנחנו ״מעגלים״ את המספר כלפי מעלה או מטה ליחידה השלטת, דהיינו, זאת שקובעת את דרגת הגודל הכולל של המספר. לדוגמה, את המספר 7,654 נעגל מעלה ל-8,000, ואילו את המספר: 7,123, נעגל מטה ל- 7,000 יש מצבים בהם כל היסודות שמרכיבים מספר מושמטים לחלוטין מלבד היחידה השלטת כמו באמירה התנכית המיוחסת לשאול המלך: "נָתְנוּ לְדָוִד רְבָבוֹת וְלִי נָתְנוּ הָאֲלָפִים [וְעוֹד לוֹ אַךְ הַמְּלוּכָה]" (שמואל א' פרק י"ח פסוק ח').[1]

משום *שהסכומים* מבטאים גדלים של קבוצות בתחום יחידה עשרונית אחת, הם מגדירים רק יחסים בין מספריי הבסיס, לדוגמא: כל עוד חמש ושלוש מונים יחידות שוות ערך, הסכום 'חמש', מבטא מספר גדול יותר מ-'שלוש'. אכן המספר **500** גדול מהמספר **300**, אך **300** גדול מ- **50**. התפקיד של *הסכומים* נעשה חשוב כאשר הדגש הוא על דיוק בהערכת כמויות וגם כאשר המטרה היא לבדוק מבנה מספרים או יחסים בין-מספריים ולאו דווקא גודל גרידא. קחו לדוגמא את המספרים 23 ו-24: לרוב הצרכים השימושיים ההבדל בין גודלם הוא חסר חשיבות, אבל מבחינת תכונותיהם המתמטיות יש שוני משמעותי רב בין שני המספרים האלה - 23 הוא מספר לא זוגי, ונוסף לכך, גם מספר ראשוני, כלומר מספר שאפשר לפרקו רק לשני גורמים: אחת ועצמו; לעומתו המספר 24 הוא מספר זוגי שאפשר לפרקו ללא פחות משמונה גורמים שונים (2, 3, 4, 6, 8, 12) בתוספת לאחת ועצמו.

גם התהליכים השכליים הפועלים בהבנת מושגי *סכומים* ואלו הפועלים להבנת מושגיי *יחידות*, שונים זה מזה - בשעה שהתהליך העיקרי בהמשגת סכום הוא דימוי, התהליך העיקרי בהמשגת יחידות הוא הפשטה. השוני בניהם מתבטא גם בתכונות הרצף שהם יוצרים: רצף ספרות *הסכומים* במספרים בנוי על מנגנון התוספות של מנות קבועות –אחד הם: 0+1, שניים הם: 1+1,

שלושה הם: 2+1, ארבעה הם: 3+1, וכן הלאה עד תשע . קבע מקומם על רצף המשכי של ערך-גודל עולה, רצף הסכומים יוצר "טור חשבוני" שבו שעור הגידול הוא קבוע: החל מ-אחת, יש להוסיף יחידה אחת עם כל צעד נוסף ברצף עד להצטברות הבסיס הייעודי: עשר. להבין את תהליך הגידול של רצף הסכומים והמונחים שמייסדים אותו-- זה פשוט כמעט כמו לספור עד עשר .

בהשוואה לרצף הסכומים, רצף היחידות אינו בנוי על **הוספת** יחידות אלא על **גדילת** היחידות. כאשר הן מסודרות ברצף המשכי של ערך-גודל עולה, היחידות יוצרות "טור גאומטרי" (או הנדסי) שבו לא רק היחידות עצמן גדלות עם כל צעד וצעד, אלא גם שעור הגדילה שלהן גדל.

גדילת היחידות בנויה על מנגנון של העלאת הבסיס עשר לחזקות העולות בגודלן עם כל צעד נוסף: אחד הם: 10^0, עשר הם: 10^1, מאה הם: 10^2, אלף הם: 10^3, וכן הלאה. אמנם ההיגיון המכני של מנגנון גדילת היחידות הוא פשוט ביסודו: להעלות את הבסיס לחזקה העוקבת. אך, קצב גדילת הטור הגאומטרי כל כך מהיר שיש קושי להתאים את תוצאת הפעולות הללו למושגים מספריים הולמים. לכן המשגת ה-"יחידות" זאת משימה שנהיית יותר ויותר קשה עם כל צעד נוסף ברצף—משימה שדורשת רמה עולה של דרגות הפשטה. ההפשטה הראשונה היא מושג היחידה עצמו, שכן כדי שדבר-מה יחשב ליחידה, יש להתעלם מכל התכונות המוחשיות שלו ולהתייחס אליו רק כחלק משלם. "אחת", אם כן, היא הפשטה מדרגה ראשונה, "עשר" היא הפשטה מדרגה שניה משום שכאן אנו מתבקשים להתייחס לקבוצה של עשר יחידה כאל יחידה "אחת", זאת הפשטה של הפשטה, "מאה" תהיה הדרגה השלישית של הפשטה, משום שהיא הפשטה של הפשטת ה-"עשר" שבעצמו הוא הפשטה, וכן הלאה והלאה עד אין סוף. ככל שההפשטה מתרחקת מנקודת המוצא המקורית —10, הקשר למושא ההפשטה מתחיל למוג, וככל שתדמית היחידה נעשית מעורפלת ומופשטת יותר, משמעותה והבנתה נחלשים והולכים, עד שהבנת היחידות מתחילה להישען באופן גובר והולך על עצם הבנת שעור הגדילה המהיר שמאפיין את הטור-*הגאומטרי* של רצף היחידות ופחות על הבנת היחידות עצמן.

בשלבים מתקדמים, הבנת הטור הגאומטרי של היחידות העשרוניות דורשת דרגת הפשטה כל כך גבוהה שאפילו מלומדים מדופלמים מתקשים להשיגן. כשמספרים מגיעים לממדים 'אסטרונומיים', מדענים עוקפים קושי זה על ידי הגדרתם המחודשת של יחידות-ענק אלה כדי לאפשר הבנה יותר מוחשית בשבילן. המושג, *שנת אור*[2] למשל, הוא דוגמא ליחידה כזו. שנת- אור מציין את המרחק שקרן אור עוברת במשך שנה תמימה. זה מרחק שהוא לא פחות מ-9,460,000,000,000,000 מטר (בערך). כאן, אורך נמדד ביחידת זמן – שנה, דבר שהופך את המספר הענקי הנ"ל זמין להבנתנו. לכן בתיאור מרחק בין גופים ביקום, יחידות 'שנת אור' הן

32

שימושיות ביותר. דוגמא נוספת היא, *"כתיבה מדעית"* שבאמצעותה מספר מיוצג כמכפלה של מספרי בסיס וחזקות עשר.[3] שנת אור בכתיבה מדעית ייכתב כך: 9.46×10^{15}.

אבל נוחיות ההבנה של מספר אינה תלויה רק בגודלו אלא גם במורכבותו. מנינגר טוען שהאדם הקדמון הבין את המושג, 1,000 לפני שהוא היה יכול להבין מספר נמוך יותר כמו, 543, משום ש- 1,000 נגזר מעשר ותוצאה של הקבצה מחודשת, ואילו 543 דורש מניית סכומים של שלוש *"דרגות יחידות"* שונות. *"אפילו בימינו"* - הוא מוסיף - *"כאשר אנחנו חושבים על רצף המספרים במוחנו, 1,000 נראה לנו בצורה בהירה וזמינה יותר מ-543."*[4] אכן המספר 543 דורש זיהוי שלושה סכומים שונים (5,4,3) ושלוש דרגות הפשטה שונות של יחידות (1, 10, 100). זיהוי ה- 1,000 לעומת זאת כרוך *בסכום* אחד שלא עולה על 1, ורק דרגת הפשטה אחת (הרביעית) של היחידה 1.

שיטת הבסיס דורשת סוגי חשיבה מרובים וגישות שונות להבנת מספרים כמו 543, אפילו מספרים קטנים יותר דורשים לא מעט מאמצים שכליים, אך היתרונות של שיטת הבסיס מצדיקים מאמצים אלו. לא רק שהיא עוזרת בהבנת מושגיי המספרים, שיטת הבסיס גם עושה שימוש מירבי במושגים אלו מרגע שנרכשו. זאת משום שכל אחד מהמושגים הבסיסיים שנוצרים באמצעות שיטת הבסיס משמש כפריט במערכה מודולרית שבה כל גודל *סכום* יכול להתחבר לכל גודל *יחידה*. פעולה שמאפשרת המשגת כמות גדולה של מספרים חדשים, פשוט על ידי ערבובם ומחזורם של מושגיי מספרים שכבר נרכשו. לדוגמא, כל 99 המספרים הייחודיים מאחת ועד תשעים-ותשע הם צירופים שונים של לא יותר מעשרה מושגים בסיסיים: תשע מספרי הבסיס ומושג היחידה עשר. עכשיו הוסף לרשימה הקצרה הזאת את המושג מאה, ותוכל לצרף תשע-מאות ותשעים-ותשעה מושגים מספריים שונים זה מזה. בעצם, את כל המספרים הייחודיים מאחד עד מיליון ניתן לבנות על ידי לא יותר משלוש-עשרה מושגיי מספרים יסודיים: תשעת מספריי הבסיס וחמישה מושגיי יחידות: אחת, עשר, מאה, אלף, ומיליון.

5

היבט היסטורי על סימול מספרים

<u>הפער</u> 5-1

בעברית המדוברת של ימנו מספרים מיוצגים באותן המילים שייצגום בתנ״ך העתיק שנחתם לפני יותר מאלפיים שנה. ואין יודע לבטח לפני כמה מאות שנים מילות מספרים אלו היו בשימוש קודם לכן, שכן הן עברו מדור לדור בתורה שבעל פה לפני התגבשות ה-תנ״ך. לעומת זאת ייצוגם החזותי של אותם מספרים אבד מזמן. לייצוג מספרים באופן חזותי משתמשים כיום בישראל בשיטת הספרות ההודית שהופיע רק 800 שנה אחרי הספירה הנוצרית.[1] היה צורך בעוד 800 שנים כדי לכלול את השיטה ההודית בתרבויות המערב (בערך במאה ה-16 אחרי הספירה). היישום של סימון המספרים המודרני התרחש בערך אלף וחמש מאות שנים אחרי שה-תנ״ך נחתם. פער זמנים זה בין הבשלת שיטת הייצוג המילולי ושיטת הייצוג החזותי הוא שכיח כפי שטוען מנינגר. ההיסטוריה מראה שמערכות מילוליות השיגו את יעילותן המרבית והסופית לפני שמערכות סמלים חזותיים השיגו את שיא בשלותם.[2]

אין להטיל את האשמה לאיחור בהתפתחות סימון חזותי-בשל של מספרים, על חוסר מאמצים. ההפך הוא הנכון, במשך עשרים או שלושים אלפי השנים שעברו מזמן הניסיונות הראשונים של האדם הקדמון בסימון מספרים והופעת שיטת הספרות ההודית, היו אין סוף ניסיונות לייצוג חזותי יעיל ומספק של מספרים. רבים מהניסיונות האלו נעשו בתרבויות מתקדמות ומתוחכמות בכל פינות התבל. סמניי מספרים, מסתבר, הם בין הסמלים העתיקים ביותר שהיו בשימוש האדם. כפי שטוביה דנציג העיר בעוקצנות, ההיסטוריה של סימוניי מספרים היא ״עתיקת ימים כמו זאת של הרכוש הפרטי״.[3] על פי צ׳יילדה, האדם הקדמון התחיל לרשום מספרים לפני שהחל לרשום מילים. הוא טוען שיש מסמכים שמוכיחים שהתרבויות העתיקות של ארם נהריים ומצריים השתמשו בסימניי מספרים לפני שפיתחו את שיטת הכתב הקדום ביותר שיש עליו ראיות.[4] יתרה מזאת, הספרות הקדומות ביותר-- סמניי החריצים שנחרטו על קירות מערות, סלעים ועצמות לפני עשרים או שלושים אלף שנה-- הקדימו את מקביליהם המילוליים.[5] ואם נכונה הנחתו של שגם ווילדר שמושג המספר כמהות עצמאית ואוניברסלית התפתחה מסימולם החזותי,[6] אז קרוב לוודאי

שמושג המספר עצמו צמח מסימול חזותי. אם כן, מה הסיבה להתגבשות האיטית יותר של ייצוג חזותי למספרים?

סביר להניח שהשהשוני בין טכניקות הקידוד והתפיסה של הייצוג הראיתי וטכניקות הקידוד והתפיסה של הייצוג השמיעתי של מערכות הספרות, הוא ששורש הסיבה להתפתחות האיטית יותר של ייצוג ספרות חזותיות באופן מושלם. הבה נבחן את ההבדלים בין שני סוגי הספרות הראייתיים והשמיעתיים מנקודת היבט זו.

נתחיל בהבחנתו של מנינגר של שמילות מספרים משקפות מבנה קבוצתי, משום שהן כוללות קבוצת יחידות במילה אחת. הרעיון, "|"‪,‬ "|||", למשל לא מיוצג על ידי חזרה על המילה "אחת" שלוש פעמים, אלא על ידי מילה יחידה, "שלוש".[7] לא רק שהקידוד המילולי הוא יותר חסכני ויעיל מזה של הקידוד באמצעות דגם קבוצה מוחשי הקרוי: *tally*, אלא שהוא גם מיצגם בדרך מופשטת. יתכן שמילות מספר מוקדמות, בעיקר של מספרים קטנים, נבעו מעצמים שמעוררים קשר למספר, לדוגמא המילה יד לרעיון חמש או עיניים לרעיון שתיים וכדומה. מכל מקום, מנינגר טוען שהמשמעות המקורית של מילות מספר מסוג זה אבדה בשלביי התפתחות מוקדמים.[8] העצמאות של מילים אלו מההקשר המקורי שלהן והשרירותיות הטבועה בדפוסים שמיעתיים של מילים בדרך כלל, כופה על ספרות מילוליות ציבון מופשט מלכתחילה. האמצעים השמיעתיים של ספרות מילוליות, אם כן, מגבילים כל ביטוי מספרי אפשרי לשיטה אחת: דפוס שמיעתי נבדל וניתן לזיהוי שהוא באופן בלתי נמנע שרירותי ומופשט. צביון ההפשטה הטהורה שטבוע בספרות מילוליות וודאי טרם למהירות התפתחותם הסופית והמושלמת של מערכות מילוליות, מוקדם. שכן, מערכת ספרות מילוליות שמשקפת את עקרון הבסיס הבנוי ממושגיי *סכומים ויחידות מודרגות*, שהוא המבנה המושגי שביסודם של מספרים גדולים, ושבסיסה נוח להשגה, אינה זקוקה לשיפור או פיתוח נוסף, היא הגיעה לשלב התפתחותה המרבית והסופית.

שלא כשיטה המילולית המאפשרת רק דרך ייצוג אחת לבטא ערכים מספריים, דהיינו-- מילים, שיטת הסימון החזותי מאפשרת דרכים שונות לבטא ערכים אלו. אכן, אחד ההבדלים הבולטים ביותר בין המערכות המילוליות והחזותיות הוא שבזמן שבמערכות המילוליות, היסוד ה־'סכומי' (מספריי הבסיס) והיסוד ה־"יחידתי" (דרגה, סוג, גודל וכ"ד) מיוצגים באותה הדרך, כלומר סמלים מופשטים שהם טבען של מלים, בעוד שבמערכות החזותיות בתרבויות מפותחות, תהינה עתיקות או עכשוויות, יסוד ה־ 'סכום' מיוצג בדרך שונה מיסוד ה־"יחידה". לדוגמא בכתב מצריים

העתיקה ה-יחידות העשרוניות לסוגיהן צוינו על ידי סמל: ציור של מקל ציין את היחידה, אחת, ציור פרסת סוס ציין את היחידה, עשר וחבל מפותל את היחידה, מאה. כיוון שהערך הסכומים או מספריי הבסיס צוינו באמצעות ספרת קבוצה (*tally*) שבה כל יחידה בקבוצה מסומנת בנפרד, המספר "שלוש מאות שלושים ושלוש" סומן ע"י ציור של שלושה מקלות, שלוש פרסות ושלושה חבלים מפותלים.[9] בשיטת הספרות היהודית המודרנית, לא היחידות, אלא הסכומים או מספרי הבסיס מיוצגים בסמל, לדוגמא, 1,2,3,4, ואילו ערך היחידות נקבע לפי מיקום הסמל שמייצג את סכומם ברצף ספרות. לפיכך, המספר "שלוש מאות שלושים ושלוש" יוצג ע"י הרצף: 333.[10] (טבלה: 4 פרק 5)

נראה אם כן, שהיכולת לייצג מספרים בדרכים שונות באמצעות הקידוד החזותי לא היה יתרון אלה סיבה אפשרית לעיכוב המצאת שיטת ייצוג חזותי מושלם והשגת שלב התפתחות מרבי אלפיי שנים אחרי השיטה המילולית למרות התחלתו המוקדמת. יתכן שהדחף הטבעי לייצג מספרים על ידי תדמית מוחשית או ספרות-קבוצה היה מכשול להתפתחות של ייצוג מופשט ויעיל לשיטת ספרות חזותיות. העובדה שייצוג חזותי של ספרות הגיע לדפוסו הסופי עם הופעת שיטת הספרות היהודיות שכמו השיטה המילולית היא מופשטת לחלוטין, נותנת חיזוק להנחה שאמצעי הקידוד השמיעתי לכשעצמו הוא שורש התפתחות הייצוג המילולי המוקדם והמושלם של מושגיי מספרים.

היו, כמובן, גורמים נוספים שהשפיעו על התפתחות ייצוג המספרים החזותיים. יש לזכור שמתמטיקה היא תוצר של תרבויות אנוש -- **צרכי** התרבות מניעים אותה קדימה ו**הרגלי** התרבות מעכבים את התקדמותה. ר. ווילדר קרא לכוחות התרבותיים שדוחפים את המתמטיקה קדימה, *"לחץ חברתי"*, ואת התפקיד *שמסורת ממלאת* בעיכוב הסתגלות של כלים או מושגים שהם באופן ברור יעילים יותר, *"פיגור תרבותי" או-"עמידות תרבותית"*.[11] ההיסטוריה של ההתקבלות האיטית של שיטת הספרות היהודית לתרבויות המערביות, למרות עליונותה הברורה על השיטות שהיו קיימות בהן באותה תקופה, היא דוגמה מובהקת של *"עמידות תרבותית"*. השיטה היהודית החדשה לייצוג מספרים התקבלה במורת רוח גלויה, נדחתה על ידי חוגיי המלומדים, ואומצה רק על ידי "ההמון הנאור", כפי שהסביר זאת כג'ורי.[12]

למרות שנכנסה להיסטוריה של המתמטיקה במאה השמינית לספירת הנוצרים, שיטת הספרות היהודית השלמה, כוללת האפס, התעכבה שמונה מאות שנים נוספות עד שזכתה ב "ניצחון מוחלט" ואומצה על ידי מלומדים מערביים. הצגה מפורטת של השיטה החכמה הזאת לייצוג מספרים הובאה לעולם המערבי בתחילת המאה השלוש-עשרה לספירה עם פרסום ספרו של פבונצ'י (fibonacci) "ספר-האבק" (ליבר-אבאקי—1,202 לספירה). קרוב למאה שנה אחרי

הפרסום של ספר-האבק (1,299 לספירה), נאסר על הסוחרים האיטלקים בפלורנץ להשתמש בספרות ההודיות,[13] אך יתכן שהם השתמשו בשיטה ההודית באמצעות קוד סתרים.[14] אורה טוען שבכתביו המפורסמים של ניקולס קופרניקוס על מערכת השמש, שנכתבו במאה השש עשרה לספירה, אפשר למצוא ערבוביה של ספרות רומיות, הודיות ואפילו ספרות מיליליות.[15]

אחד היתרונות של שיטת הספרות ההודיות על כל השיטות שקדמו לה ואולי גם סיבה רבת משקל שתרבויות אירופה בסופו של דבר התגברו על "עמידותם התרבותית" כנגדה, הייתה האפשרות להשתמש בשיטת ספרות זו כאמצעי עזר לחישוב. כדי להבין למה היה חשוב לא רק להשיג יכולת להצגת מספרים באמצעות ספרות יעילות, אלה גם היכולת לעשות חשבונות בתווך ספרות ויזואליות, עלינו להבין תחילה את התרומה של סמלים חזותיים לחישבון וחשיבה מתמטית, כמו גם לחשיבה בכלל.

5-2   תרומת הסמלים החזותיים להמשגת מספרים

א.נ. וויטהד כופר מכל וכל בדעה המקובלת שסיבת האתגר של החשיבה המתמטית טמונה בסמלים ה-"קשים" ו-ה-"מסתוריים" שבהם משתמש מדע זה. נהפוך הוא, טוען ויטהד, סמלים אלו צורפו לחשיבה המתמטית "ללא יוצא מן הכלל" כדי להקל. הוא מביא לדוגמא את המשפט הבא: *"אם מספר שני יוסף לכל מספר נתון, התוצאה תהיה זהה לזאת שבה המספר הנתון הראשון יוסף למספר השני"* – זאת הגרסה המילולית לחוק החיבור. עכשיו השוו את גרסת אותו החוק כשהיא מיוצגת באמצעות סמלים, כך־"$x+y = y+x$", כי אז תוכלו, ללא ספק, לראות עד כמה וויטהד צדק.[1] הדוגמא הראשונה קשה למעקב ואילו השנייה נתפסת בהרף עין. מן הסתם מידת הקושי של תפיסת רעיון מתמטי כדוגמת 'חוק-החיבור' בחשבון המודגם לעיל, תלויה בין השאר באופן הגשתם. ההשוואה של וויטהד מדגימה, איך רעיון שמוגש באמצעות סמלים מתמטיים נקלט ביתר קלות מאשר רעיון שמוגש באמצעות מילים.

יש כמובן תכונות משותפות לסמלים מילוליים וסמלים חזותיים, למשל הדפוס החזותי של הספרה '7' והדפוס הקולי של המילה 'שבע' לא מספקים שום רמז למשמעותם. הקשר בין מושג המספר ששניהם מייצגים נוצר תוך כדי למידה חוזרת ומודעת של הסמלים, ובשניהם, כאשר נוצר קשר בין המושג לסמל שמייצג אותו, הוא מתחדש אוטומטית בתת-ההכרה בנוכחות הסמל.[2] אבל תהליכי החשיבה שדרושים לפיענוח הסמלים החזותיים והמילוליים, שונים זה מזה. כדי להבין את

התועלת החשיבתית של סמלים חזותיים להבנת מושגים מתמטיים הבה נבחן את תהליכי הפיענוח של שתי דרכי ייצוג מספריי אלו ובמה הם שונים זה מזה.

בדיבור, הברות המילים מובעות ברצף מסוים וקבוע. מכיוון שההברות עצמן והסדר המסוים בו הן מתרחשות משמעותיים להבנת הביטוי, שניהם צרכים להישמר בזיכרון זמן-מה כדי לאפשר התחשבות ומיזוג כל ההברות והסדר שלהן במילה או ברצף מילים כמכלול. פעולות הזיהוי, הזכירה והמיזוג דורשות מאמץ ניכר, אפילו כאשר ההברות והמילים כבר מזוהות אוטומטית בתת-ההכרה. הטבע החולף וההעלמות המהירה של רצף הצלילים המילולי מצריך ביתר שאת את מאמצי הזכירה לצורך הבנת משמעות הביטוי הקולי. בנוסף לפיענוח המיידי המאמץ הזה נחוץ גם להפקדתם ושמירתם של הסימנים המילוליים בזיכרון-הממושך. בהשוואה לסמלים המילוליים, הסמלים החזותיים כמו: '7', '8', או '3' מביעים רעיון שלם בסמל אחד ולכן קליטתם לא מצריכה את אותם מאמצי זיהוי, זכירה ומיזוג שנדרשים לקליטת מילה מדוברת יחידה. יתרה מזאת, ניתן לעבד מספר סמלים חזותיים בהרף עין משום שהתהליכים החזותיים מותאמים לקליטת גירויים מרובים בעת ובעונה אחת.

הפיענוח היעיל והמיידי של סמלים חזותיים הוא לא היתרון היחידי שלהם - חרותים, מעוצבים או כתובים על נייר, יש לסמלים אלה קיום פיסי ממושך שאינו תלוי בהכרה שכלית של מן דהוא. לא פחות חשוב - הנוכחות הפיסית הזאת משחררת את האדם ממאמצי ההיזכרות שכרוכים בפיענוח והיאחזות במלים הזמניות החולפות ונעלמות, ובכך מאפשרת לו להתמקד בחקירת הנושא שלפניו. הפסיכולוג הרוסי, ל. ס. וויגוצקי סבור שהיכולת האנושית להפעיל את הזיכרון בעזרת סימנים פיסיים משנה את הדינמיקה של תהליך הזיכרון. "אפילו פעולות פשוטות יחסית כמו קשירת חוט או סימון מקל כתזכורת משנה את המבנה הפסיכולוגי של תהליך הזיכרון". הוא הסביר והוסיף: תזכורות מוחשיות אלה *"מרחיבות את פעולת הזיכרון מעבר לגבול הביולוגי של מערכת העצבים האנושית* ומאפשרות לה לכלול גירויים מלאכותיים, או גירויים שאנו מחוללים בעצמנו וקוראים להם סימנים."[3]

משום שחשיבה היא יצירת יחסי גומלין בין רעיונות ומושגים שאנו זוכרים, השימוש בסימנים חזותיים או "עצמים חיצוניים" כדי לעזור לתפקוד הזכירה בחשיבה, כמוהו כהכללת סימנים בתהליך החשיבה עצמו. אין עוד תחום לימודי שצריך הרחבת יכולת הזיכרון מעבר לגבולות הביולוגיות של בני אנוש כמו תחום המתמטיקה. אכן, אחד הדברים שעושה את החשיבה המתמטית למאתגרת הוא שהיא לרוב עוסקת ביחסים שונים בין כמה מושגים מרחביים וכמותיים

בו זמנית. אפילו כשעוסקים בחשבון בסיסי, לעיתים קרובות אנחנו צריכים לשמור בזיכרון מספרים בזמן שאנו בוחנים בפועל מספרים אחרים. נסו למצוא את סכום המספרים של, מאתיים-שבעים-וארבע, ושמונה-מאות-תשעים-ושש ללא עזרת נייר ועפרון.

דא עקא, אופן השימוש בסמלים חזותיים מותנה בשיטה שעליה מבוססת כתיבתם, ולא כול השיטות עוזרות לחשיבה המתמטית באותה המידה. פדריק וויצמן מבחין בין שני סוגיי סמלים כתובים: סמלים שמיצגים היגוי או צליל, כמו 'ב' או 'ל' , וסמלים שמיצגים מושגים כמו '3' או '+'.[4] את הראשונים הוא מכנה "סמלי היגוי" ואת האחרים, "אידיאוגרמות". בפיענוח סמלים שמיצגים צלילי דיבור, יש יסוד שמיעתי-מילולי, גם אם האמצעי שבו הסמל מוצג הוא חזותי.[5] מכיוון שסמלים מילוליים בנויים בדרך כלל מ-רצף של כמה יחידות קול, פיענוח מילים כתובות דומה לפיענוח מילים מדוברות מכמה בחינות: שניהם תהליכים סדרתיים שמתרחשים לאורך זמן, שניהם כרוכים במאמץ זיכרון, ובזיהוי צלילים ושילובם. לעומת זאת, אידיאוגרמות כמו, '3' או '+', שהפיענוח שלהם לא כרוך בתהליכים שמיעתיים-מילוליים, יוצרים קשר מיידי כמעט אוטומטי בין סימן חזותי יחיד והמושג אותו הם מייצגים. קחו לדוגמא ביטויים שנכתבים בצרוף של אידאוגרמות כדוגמת: '3=5-2' או ' x+y=y+x', ביטויים אלו לא רק מביעים כמה מושגים בו זמנית, אלה גם את היחסים ההדדיים ביניהם, לעומת ביטוי מילולי יחיד שבנוי מצרוף של סמלי הגיה כדוגמת, 'מ', 'נ', 'ג', 'י', 'נ', 'ה', שמביעים מושג יחיד— מנגינה. ההתבטאות באמצעות אידאוגרמות, או סמלים חזותיים, מאפשרת לתפוס מערכת רעיונות מורכבת בהרף עין. זאת כנראה תרומתם יקרת הערך של הסמלים החזותיים לחשיבה המתמטית.

אכן, כאשר המתמטיקאי ר. ווילדר ניתח את התפתחות המתמטיקה שנעשתה בזכותם של וייטה, דסקרט, וליבניץ במאה ה17, הוא הופתע "עד כמה התפתחות זאת בנויה בעצם על המצאת סמלים חדשים ויעילים."[6] אך כדי להבין את חשיבותם של סמלים יעילים, אין צורך להשתמש במתמטיקה גבוהה. כפי שווילדר העיר, "אפילו המושג הבסיסי ביותר של מספרים לא היה יכול להתקדם רחוק לפני שמערכת הסימול המתאימה להם פותחה." יתרה מזאת, כפי שההיסטוריה מראה, הסמלים המתקדמים שפותחו ע"י וייטה, דסקרטה, וליבניץ לא היו יכולים להתפתח לפני ששיטה נאותה של ייצוג מספרי המנייה השיגה את התפתחותה המרבית.[7]

אלא שמשימת כינון מערכת סימונים הולמת למושגים הראשונים והפשוטים ביותר שבכל מושגיי המתמטיקה—מספרי המנייה, התגלתה כאתגר גדול לאנושות. שיטת הספרות ההודית נכנסה לחשיבה המתמטית למעלה מאלף שנה אחרי השלמת יצירת המופת של אוקלידס: *היסודות*, אשר

הניחה את עקרונות שיטת החקירה המדעית המודרנית (300 לפה"ס). עברו עוד 700 עד 800 שנים של "מעידה עיוורת ותגליות מקריות תוך גישוש בחשכה וסירוב להכיר באור", עד שהשיטה ההודית סוף סוף אומצה לשיח מלומדים מערביים.[8] אבל ניצחונה היה בלתי נמנע. שיטת הספרות ההודית הייתה לכל הדעות הדרך המושלמת לכתיבת מספרים, שיטה שלא משאירה כל מקום לשיפור, "דוגמא ראויה להערכת חשיבות סמלים מתמטיים מועילים." (וייטהד)[9] אכן, חייבים אנו להודות לשיטת הספרות ההודית שבזכותה כל ילד בית-ספר יסודי כיום מבצע חישוביי חשבון כדבר מובן מעליו, בעוד שרק לפני מאות ספורות בלבד, מיעוט קטן של מלומדים מדופלמים ידעו להוציא לפועל חישובים מסוג זה.[10]

5‑3   שלושת דרכי הייצוג החזותי

שלא כייצוג המילולי שכבול לאפשרות ייצוג אחת בלבד—לאמצעי החזותי יש שלוש אפשריות שונות להצגת רעיון מספרי:

1.   *תדמית מוחשית*—הצגת מספר על ידי חזרה על סימן מוסכם כמספר היחידות במספר אותו מייצגים. לדוגמא: הספרות הרומיות, 1, 11 ו- 111, המייצגות את המספרים, אחת, שתים, ושלוש בהתאמה. ספרות אלו מכונות בלועזית, *'tally'*.[1] כאן נקרא להם גם: *'ספרות קבוצה'*.

2.   *סמל ייחודי מופשט*—הצגת מספר על ידי *'סמל ייחודי'* המיועד רק לו. לדוגמא: הספרות ההודיות 1, 2, 3, 4, שמייצגות את המספרים אחת, שתיים, שלוש, ארבע בהתאמה. ספרות אלו מכונות בלועזית, *'chipher'*[2] כאן נקרא להם גם: *'ספרות סמל'* או *'ספרות סמל ייחודי'*.

3.   *מיקום*—ייצוג ערך מספרי תוך שימוש במקומה של *ספרה* ביחס למקומם של יתר הספרות שמייצגות אותו מספר. לדוגמא: ברצף, 333, כל אחת מהספרות הזהות מייצגת ערך מספרי שונה בהתאם למקומה ברצף. קריאה משמאל לכוון ימין, מראה שרצף זה מייצג את המספר: *"שלוש-מאות, שלושים, ושלוש"*.

כדי להבין את גודל ההישג של הספרות ההודיות, עלינו ללמוד את שלושת דרכי הייצוג החזותי לציון ערכים מספריים המתוארות כאן מההיבט של תהליכי החשיבה

40

המעורבים בהם, ואת הדרך שבה השתמשו בדרכי ייצוג אלו השיטות שקדמו להופעת הספרות
ההודית.

התדמית המוחשית-ספרת קבוצה- (tally): סביר להניח שבגלל היותם הדרך הישירה
והטבעית ביותר לייצוג מספרים, ספרות _קבוצה_ היו הספרות הנפוצות ביותר לפני הופעת השיט
ההודית המודרנית. חוץ מהייצוג האלפביתי והסיני, כל השיטות שקדמו לשיטה ההודית
כללו בדרך זו או אחרת ספרות _קבוצה_.

אמנם ספרות קבוצה היא הדרך הישירה והטבעית ביותר לבטא רעיון מספרי
והנטייה להשתמש בהן מובנת מאליה, זאת שיטה בלתי יעילה לתהליכי קידוד ופיענוח גם יחד. קחו
לדוגמא את הספרה המצרית, '11111111' והשוו אותה לספרה ההודית, '8', שתיהן מייצגות אותו
מספר. כתיבת ספרת הקבוצה, '11111111' מצריכה לחזור על סימון קו שמונה פעמים ופענוחה
מצריך מנייה עד שמונה. לא רק שזאת דרך מייגעת לכתיבת 'שמונה', אלא גם תהליך המנייה
שמעורב בפיענוח הספרה המצרית מפריע ליצירת קשר אוטומטי בין סמל למושג ובכך מפחית את
היתרון שבסימול. לעומת זאת כתיבת הספרה '8' שהיא בת סמל יחיד הנתפס בהרף עין ומסומן
בתנועה יחידה, מקשר למושג שמונה באופן מיידי וישיר. מה גם שהטבע המוחשי של דגם מספר
בצורת ספרת קבוצה אינו מותאם לדרך הפעולה הסמלית-מופשטת שמאפיינות כל חשיבה מתמטית.

סימון מספר באמצעות סמל ייחודי: השימוש בסמל זיהוי ייחודי (chipher) לכל קבוצה
וקבוצה, הוא תחליף לייצוג המוחשי באמצעות קבוצה. סימון מספר בסמל ייחודי נבע מהצורך של
תרבויות מתפתחות למספרים גדולים ורישומם במסמכים.[3] סימון דרגת ערכי _יחידות_ בסמל ייחודי,
קדם מבחינה היסטורית לייצוג ערכי _סכום_, כדוגמת הספרות ההודיות המוכרות לנו כיום. הסכומים
בשיטות העתיקות הללו ייוצגו באמצעות _ספרות קבוצה_. הספרות של כתב החרטומים המצרי מ-
3500 לפני הספירה הם הדוגמא הטהורה ואולי גם הקדומה ביותר של ייצוג מספרים באופן זה.
כתב החרטומים נכתב לרוב לרוב מימין לשמאל, כאשר היחידות הגדולות יותר נכתבות תחילה -- כלומר
בצד ימין של הביטוי המספרי. לדוגמא: היחידה מאה יוצגה כחבל מעוקם, בערך כך: 9, היחידה
עשר כפרסת סוס, בערך כך: 7, והיחידה אחת כמקל אנכי, בערך כך: 1.[4] קריאה מימין לכוון
שמאל מראה שהרצף: '111177799', מייצג את המספר, מאתיים שלושים וארבע . (טבלה: 4
פרק 5)

רוב שיטות כתיבת מספרים שקדמו להופעת הספרות ההודיות היו פחות או יותר
אלתורים שונים של האב-טיפוס ה-חרטומי העתיק, כלומר, הן כללו עקרונות של ייצוג קבוצתי
לציין ערכי סכום וסמל ייחודי לציון גודל יחידה.[5] הסטיות מהשיטה המצרית נעשו על פי רוב כדי

לחסוך בכמות הסמלים. משמע, שינויים אלו נעשו מתאמי נוחות גרידא. נביא לדוגמא את השיטה הרומית שעדיין מוכרת היום. השיטה הזאת משתמשת באותיות כסמל ייחודי לציון ערכיי יחידות, אך לא כשיטה ההודית, גם חצאי יחידות מיוצגות בסמל ייחודי, כך:

I=1, V=5, X=10, L=50, C=100, D=500, M=1000

ערכי *הסכומים* מיוצגים בתערובת של ספרות קבוצה וספרות סמל ייחודי, לדוגמא:

. $\Rightarrow$ DC= 600 (500+100), LXX =70 (50+10+10), VIII=8 (5 +1+1+1)

לפיכך, ייצוג המספר '678', יראה כך: 'DCLXXVIII'   (טבלה: 10 פרק 5)

השיטה הרומית, אם כן, נזקקת לתשע סמלים בשביל מספר שנכתב בשיטה ההודית בשלושה סמלים בלבד. אך היא עדיין חסכנית לעומת שיטת ספרות החרטומים המבטאת את אותו מספר בלא פחות עשרים ואחד סמלים, כך:

'11111111177777777999999'.

ברם, החיסכון שמקנה השימוש בסימול ייחודי של חצאיי יחידות מחייב את השיטה הרומית הוספת תהליכי חיבור וחיסור חשבוניים לתהליכיי המנייה וזיהוי הסמלים הייחודיים בפיענוח הספרות. גם אם מבחינה טכנית יש ייעול בהצפנת הספרות בשיטה הרומית בהשוואה לשיטה המצרית-- שיפור זה לא מבטל את המכשול שהיא מציבה ליצירת חיבור אוטומטי בין ספרות ומושגי המספרים אותם מייצגת השיטה.

האמת ההיסטורית שסימול *יחידות* קדם לסימול *סכומים* אינו מפתיע, לא רק משום שמעשי יותר לבטא מספרים גדולים בסמל, אלא גם משום שהאופי המופשט של הסימול מתאים יותר לדרך החשיבה המופשטת שהיא חיונית להמשגת הגודל של יסוד-היחידות במספר. גם *ספרות קבוצה* מתאימות למאפיינם המושגיים של יסוד ה-סכומים. זאת משום שערכי הגודל שלהם קטנים דיים לביטוי מוחשי ולדמוי מפורט כ*ספרות הקבוצה* עצמן. מסתבר אפוא, שהשילוב של ציון *'יחידות'* בסמל ייחודי וציון סכומים ב-*'קבוצה'*, תואם לתפקידם ולמאפיינם המושגי השונה של שני מושגיי היסוד שבאמצעותם מעוצבים מספרים גדולים. מכאן יציבותם והישרדותם רבת השנים של השיטות המסורבלות האלה לכתיבת המספרים.

היו גישות נוספות לציון ערך מספרי באמצעות סמל ייחודי. אחת מהן היא הייצוג האלפביתי המוכר לנו, שבו אותיות האלף-בית מייצגות מספרים כך: א' עד י' מייצגות את מספרי הבסיס והבסיס עצמו, כ' עד ק' - כפולות *של* עשר עד מאה, ו-ל' עד ת' - כפולות של מאה.

בשיטה זאת אפשר היה לציין מספרים רק עד ארבע מאות כך שהיה צורך להכניס תחכומים שונים כדי להגיע לאלף ומעבר לו. בתחום האלף הדבר נעשה על ידי חיבורים שונים של כפולות מאה, למשל, ת"ק מציין חמש מאות, תת"ק תשע מאות, הוספת ה-גרשיים מלמדת שצירופי האותיות הנ"ל אינן מילים. מעבר לאלף הוספת נקודתיים מעל אות ציין כפולה של אלף, למשל בית עם ניקוד על מציין אלפיים, ומם עם ניקוד מעליה מציין ארבעים אלף, וכן הלאה וכן הלאה. אלפבית מספרי הופיע בסביבות חמש מאות שנה לפני הספירה במספר ארצות בעגן הים התיכון [5]. החסרונות של שיטה זאת ברורים, נוסף לכך שהסיבוך של ביטויי מספרים הולך וגובר עם גודל המספר, השיטה אינה מנצלת את המבנה המודולרי של שיטת הבסיס היוצר אפשרויות רבות של צרופים שונים של מושגי היסוד, כלומר, 'סכומים' ו- 'יחידות' ליצירת מושגי מספרים גדולים. למשל הערך ה-'סכומי', 'שתיים', מיוצג על ידי שלוש אותיות עבריות שונות: ב, כ, ר בהתאם ל-'יחידות' אותן הן מונות, בשעה שבשיטה ההודית הספרה 2, נשארת קבועה ללא קשר ליחידות אותן היא מונה.

גם השיטה הסינית מייצגת 'סכומים' ו 'יחידות' בסימול ייחודי. זאת משום שהסמלים בכתב הסיני הם לא אותיות שמייצגות הגה או צליל אלא סמלים שמיצגים מילים שלמות. לכן מושגי מספר מיוצגים כפי שהם מיוצגים ברצף המילולי, כלומר בכתיבה כמו בדיבור לכל מספרי הבסיס והיחידות העשרוניות סמל ייחודי. מבין כל שיטות הייצוג החזותי הרבות של המספרים, השיטה הסינית היא היחידה שמשקפת במדויק את השיטה המילולית, ומכאן גם חסרונה. (טבלה: 11 פרק 5)

<u>מיקום</u>: אף על פי שהסמלים-הייחודיים של הספרות המדוברות והספרות הכתובות מבטאים מספרים באופן מופשט, קיים בניהם שוני בולט -- את הספרות המילוליות ניתן לזהות רק בדרך אחת -- שהיא תבנית צלילים, ואילו את הספרות החזותיות אפשר לזהות בשתי דרכים – **תבניתן** החזותית, **ומיקומן** היחסי ברצף הספרות. תכונה זו מאפשרת לכל סמל לבטא שני ערכים בעת ובעונה אחת, כפי שהודגם לעיל באמצעות המספר, '333'. דא עקא, השימוש במיקום לא מיוחד לשיטה היהודית, קדמו לה השיטה הבבלית העתיקה (1800 לפה"ס) והשיטה של שבט המאיה (600 אחה"ס) שגם הן השתמשו במיקום לציון גודל יחידה. ציון ערך גודל יחידה דרש משיטות

אלו לכלול ספרה מיוחדת לסימון המקומות הריקים מ-'סכום'. הם אף המציאו סמל ייחודי שווה ערך לאפס ההודי לצורך זה. אכן, בכל שיטות המיקום הצטרכו במוקדם או מאוחר לציין את מקומות היחידות שלא צברו כל 'סכום', כמו למשל המספר 503 שאין בו יחידות של עשר. הקושי הבולט ביותר בשיטות המיקום שקדמו לשיטה ההודית היה ללא ספק ממדי בסיסם שהיו גדולים מדי בשביל לשמש הקשר מושגי חזותי יעיל ליצירת מושגיי ''יחידות'. הבסיס של השיטה הבבלית העתיקה היה 60, וזה של שיטת שבט המאיה היה 20. בשתיהן היה צורך לבטא את הערך המספרי של יסוד הסכומים בשילוב של סמלי קבוצה וסמלים ייחודיים. בכל שיטות המיקום בעבר ובהווה, הספרות (עם או ללא תוספת סמלי קבוצות) מייצגות את ערך ה-סכום בעוד שמיקום הספרות בביטוי המספרי מציין את ערך ה-יחידה. כל ספרה מובנת כתוצאה של פעולת כפל 'סכום' בגודל ''יחידה', ומיקומו של הסמל מסמן חזקה מסוימת של הבסיס השייך לשיטה שבה משתמשים. (טבלאות: 5,6,7,8,9 פרק 5)

בדוגמת השיטה ההודית שמבוססת על בסיס עשר ושבה רצף הספרות נקרא משמאל לימין כאשר היחידה הגדולה ביותר היא הראשונה -- פרושו של הרצף '5,432', הוא:

$$5x10^3+4x10^2+3x10^1+2x10^0$$

אין ספק שהשיטה ההודית משלבת את התכונות הטובות ביותר של כל השיטות משום שהיא מבחינה באופן ברור בין יסוד ה-'סכומים' ויסוד ה-''יחידות', היא משתמשת ביעילות בעקרון המודולרי שנוצר על ידי שני מושגיי היסוד האלה. בסיסה הקבוע: 10—הוא בגודל נוח להמשגה, ולכן גם להכללה והפשטה, היא שיטה שמשתמשת במיקום לציון גודלי יחידות. אבל כפי שניתן לראות מתיאור הגישות ההיסטוריות להצגת מספרים אף אחת ממעלות הגישה ההודית—בסיס עשר, השימוש ב '0', והספרות הייחודיות—שבזכותן השיטה ידועה, אינן שמורות רק לה. מה אם כן המאפיין החדיש שמפריד ומעלה אותה מעל כל השיטות שקדמו לה? (טבלאות: 8,1 פרק 5)

5 -4   <u>סוד הצלחתה של שיטת הספרות ההודית:</u>

ברוב ספרי הלימוד שיטת כתיבת המספרים ההודית מתוארת כשיטת מיקום-בסיס-עשר. אבל אין די בהגדרה זו להסביר מהו סוד החדשנות בשיטה ההודית שעושה אותה כל כך שונה מכל השיטות שקדמו לה. בסיס העשר היה בשימוש מימים ימימה, מאז שהאדם התחיל להשתמש באצבעות ידיו כאמצעי עזר למנייה. גם עקרון המיקום לציון גודל היחידות לא יכול להיחשב לשינוי המכריע

במדע המספרים שבא בעקבות ההיכרות עם השיטה היהודית. כבר ב- 1800 לפני הספירה השתמשו הבבלים במיקום לציון דרגות גודל יחידות, ותרבות המאיה עשתה זאת בסביבות 600 אחרי הספירה. לשתי השיטות הנ״ל היה אפילו סמל שווה ערך לספרת ה-'0' כדי לציין מקומות ריקים מיחידות. יש הסבורים שהמיוחד לשיטה היהודית הן הספרות: 1, 2, 3, 4, 5, 6, 7, 8 ו-9, שהן ורק הן מבטאות את מספרי הבסיס באמצעות סמל ייחודי ותו לא. מלבד שיטות האלפביתיות והשיטה הסינית, לכל השיטות שקדמו לשיטה היהודית, למרות השוני ביניהן, הייתה נטייה לכלול, בדרך זאת או אחרת, תדמית מוחשית באמצעות *ספרת קבוצה* בתיאור מספרי הבסיס שלהן. אפשר היה להכיר את יסוד הייצוג הקבוצתי לא רק בחריצים שנחרטו על עצמות זאב או על קירות מערות קדומות מלפני 20 או 30 אלף שנים, אלא גם *בספרות של התרבויות המפותחות של בבל, מצריים, יוון ורומא.* [1] למשל הספרה הרומית, 'viii', *והספרה של המיה,* '***', ששתיהן מבטאות את המספר שמונה בשילוב ספרת סמל ל- '5', ו *'ספרת קבוצה'* לכתיבת '3' – גם אם אחת מהשיטות היא שיטת מיקום והאחרת אינה. [2] גם ציון מספר בסמל ייחודי כדוגמת ספרות מספריי הבסיס היהודי אינו חידוש. הסימול הייחודי היה קיים זמן רב -- לפחות מלפני 3300 שנה, כפי שמעידות הספרות של מצריים העתיקה. אבל סמלים אלה שימשו לרוב לסמן גודל יחידות, ובשיטות האלפביתיות והסינית הסימול הייחודי שימש לסימון מספרי בסיס וגודלי יחידות גם יחד.

השיטה היהודית לבדה בחרה להגביל את הסימול הייחודי המופשט דווקא למספריי הבסיס—המספרים הקטנים ביותר—המספרים שהכי קל לייצג בתדמית מוחשית על ידי 'ספרות קבוצה'. יש היסטוריונים הטוענים שלא המצאת ה-'אפס', הוא ההישג הגדול ביותר של השיטה היהודית, אלא הסימול המופשט של מספריי הבסיס. על אף המוניטין הפיוטי שלו, האפס הוא לא יותר מתוצר לוואי הכרחי של שיטת המיקום. כל שיטות המיקום הידועות לנו, בסופו של דבר המציאו סמל דומה ל-'אפס'. האפס היה אמצעי הכרחי לסימון 'יחידות' חסרות כדי להימנע מחוסר בהירות בקריאתן. [3]

שלא כפענוח ספרות שמשלבות יסודות קבוצתיים וסימול, הפיענוח של הספרות היהודיות אינו כרוך בתהליכי מנייה או חיבור וחיסור חשבוני. בזכות זאת, הספרות היהודיות יוצרות קשר ישיר ומיידי בין סמל ובין מושג שכבר נרכש. בנוסף לכך, שלא כספרות הקבוצה , '11', '111', או '1111', סמלי הספרות היהודיות '2', '3', ו'4', לא מכילים קשר לתיאור מוחשי של המספר אותו הם מייצגים, אלו הם סמלים מופשטים ושרירותיים לחלוטין. אי לכך, פיענוחם מתבסס על קשר אוטומטי בין סימן חזותי למשמעות. האוטומטיזציה והישירות של פיענוח הספרות היהודיות עושה אותן לחלק מתהליכי החשיבה של המשתמש -- זאת אולי התרומה החשובה ביותר

של ספרות אלה. לדוגמה - הרצף '534', נקלט בהרף עין ועם זאת מעורר תיאור חיי ובועט של המספר המורכב, 'חמש-מאות, שלושים, וארבע -- מספר שכולל שלושה 'סכומים' שונים ושלושה גודלי 'יחידות' שונות. הישירות המופשטת הזאת היא אחד מהיתרונות הבולטים של שיטת הספרות ההודיות.

בנוסף לכל זאת, השילוב של סימול מספרי הבסיס וסימון גודלי יחידות באמצעות מיקום, מאפשר צמצום וייעול השימוש בסמלים. בשנת 1202 לספירה, לאונרדו מפיזה, הידוע יותר בשם, פיבונאצ'י, הציג את הספרות ההודיות בספר המופת הידוע, "ליבר אבצ'י", כך: "תשע הספרות ההודיות הן: 1 2 3 4 5 6 7 8 9. איתן ובצרוף הסימן 0, כל מספר שתרצו יכול להיכתב." [4] בהצהרה ממצה ומדויקת זו תיאר לאונרדו מפיזה את תמצית כוח הקסם של השיטה ההודית לכתיבת מספרים, שהיא היכולת לכתוב כל מספר ויהיה הגדול והמסובך ביותר, באמצעות אוסף של עשרה סמלים בלבד.

לא פחות חשוב, סימול ערכי ה-'סכומים' בשילוב סימון גודלי ה-'יחידות' על ידי מיקומם ברצף ספרות, בונה את השיטה ההודית על תשתית חזותית טהורה ויחד עם זאת מופשטת לחלוטין. תכונות אלו מותאמות לאופן החשיבה המתמטית והחשבונית באופן מושלם. נוסף לכך הסימול הפשוט שמאפשר רישום מהיר של מספרי בסיס בשילוב שיטת המיקום לציון גודלי יחידות, וסימן ה- 'אפס', יוצרים שיטת ייצוג שהיא לא רק היעילה ביותר לרישום ופיענוח מספרים, אלא גם יכולה לשמש כמכשיר סיועה לפעולות חשבוניות. יתכן, שיכולת השימוש בספרות ההודיות לצרכי חישוב ביססה את ריבונותה הבלתי מעורערת בתרבויות העולם של זמננו.

<u>5 - 5   החשבון החדש</u>

חוקרי תולדות המתמטיקה מסכימים פה אחד ששיטת הספרות ההודית אינה משאירה דבר שניתן לשיפור, ולכן מציינת את סוף הדרך הארוכה והעקלקלה של החיפושים אחרי ביטוי חזותי נאות למספרים. ז'ורז' יפרח מחשיב את הספרות ההודיות כהמצאה ה-"חשובה כמו המצאה של החקלאות, הגלגל, הכתב, או מכונת הקיטור." [1] ללא ספק, אימוצה של שיטת הספרות ההודיות לחשיבה המתמטית הביאה בעקבותיה התקדמות תרבותית משמעותית: לראשונה בהיסטוריה בני אדם יכלו להשתמש בסמלים חזותיים כאמצעי עזר לחשיבה מתמטית.

לפני הופעתה של השיטה ההודית, פעולות החשבון בוצעו באמצעות 'אבקוס' (מכשיר דומה לחשבוניה), והספרות הכתובות שימשו בעיקר לרישום מספרים. אין תמימות דעים

למקור המונח, 'אבקוס'. יש המקשרים אותו למילה השמית המוכרת לנו, 'אבק', ויש המאמינים שמקורו הוא המילה היוונית 'אבקוס' שפרושה לוח. ה-'אבקוס' הקדום היה לוח, שולחן, או כל משטח מקווקוו אחר לציון הטורים שמציינים גודלי יחידות, בטורים הללו הונחו חלוקי נחל לסימון מספרי בסיס בייצוג קבוצתי. המילה הלועזית, 'calculate', הווי אומר חישוב, מרמזת על נוהג זה של חישוב, שכן היא נגזרת מהמילה הלטינית, 'calculus' שפרושה, חלוקי נחל.[2] מאוחר יותר חלוקי הנחל והקווים שסומנו בעפר או לוחות טין הוחלפו בחרוזים שהושחלו על חוטי מתכת או סיב ונקשרו למסגרת.[3]

דנציג טוען ששיטת המיקום ההודית היא גרסה של האבקוס. הוא הניח שהההודים השתמשו לחישוביהם בלוח מאובק שעליו הם כתבו סימנים שניתנים למחיקה במקום המונים או חלוקי הנחל של האבקוס. ההשערה הזאת תואמת לזו של יפרח, שטען שהמלומדים ההודים, אשר גם הם השתמשו בלוחות מנייה למטרות חישוב, התחילו באיזה שלב להחליף את המונים המוחשיים (חרוזים או אבנים) בתשעת הסימנים הראשונים של המספרים, 9 ....1,2,3.[4] שפת המלומדים ההודים הייתה סנסקריט הנכתבת משמאל לימין ולכן הספרות ההודיות נכתבות משמאל לימין כשהספרה שמציינת את היחידה בעלת הערך הגדול ביותר היא הראשונה משמאל ושאר הספרות בסדר ערך גודל יורד מימינה. לכן, הספרה הכתובה בטור הראשון מימין, מונה את סכומי יחידות ה-'אחת', וזו שמשמאלה, את סכומי יחידות ה-'עשר', וכן הלאה. מאוחר יותר שנוהג מיקום הספרות בשיטה זו השתרש, סימון הטורים נזנח. אך כדי להימנע מחוסר בהירות היה צורך להוסיף סמל מיוחד לסמן את הטור הריק מסכומי יחידות, שמקודם היה נהוג פשוט להשאירו ריק. יפרח העלה את הסברה שהספרה 'סוניה' שפרושו, 'ריק' ב-סנסקריט, סומנה בנקודה או בסימן ה-אפס והייתה מן הסתם תחליף לטור הריק בלוח המנייה. רק מאוחר יותר ספרת ה-'0' קנתה לעצמה את "מובן ה 'לא-כלום' כמו ב-10 פחות 10 [שווה 0]."[5]

לפי יפרח הסימון 'ריק' או 'אפס' הוצג לראשונה כמושג מספרי בפני עצמו על ידי המתמטיקאי והאסטרונום, בראהמגופטה (בשנות ה- 668-598 לספירה). בספרו הנודע " brahmasphutasiddhanta ("המערכת המתוקנת של ברהמה" , בסנסקריט). בין שאר הנושאים, בראהמגופטה הסביר בספרו את הכללים של ששת הפעולות החשבוניות—חיבור, חיסור, כפל, חילוק, העלאה בחזקה והוצאת שורש—כפי שהן מבוצעות על מספרים *חיוביים, שליליים,* ומספרים *'בטלים'* (null number). סביר להניח שהשימוש ב-0 (או נקודה) כספרה בפעילות חשבונית הפך את ה-'סוניה' למושג מספרי. אכן, ממשיכו של בראהמגופטה -- בהאסקארא (שנות ה-1185-1114 לספירה) התווה את "חוקיי האפס בפרק הראשון של ספר האסטרונומיה שלו, 'לילאוואתי', כך:

$a+0=a,\quad a-0=a,\quad 0^2=0,\quad \sqrt{0}=0,\quad a\div0=\infty$ (הסימן ∞ ׳ מציין אין סוף).[6]

תיאור ההתפתחות של האפס מאשש את ההנחה של ווילדר שהשימוש בסמלים ברישום פעולות מתמטיות מביא לידי יצירתם של מושגים מתמטיים חדשים. האפס, כמו הרבה סמלים אחרים השיג "מעמד של מושג" רק אחרי ששימש במשך כמה מאות שנים לחישובים חשבוניים. וכך כמו שהשימוש בספרות הודיות בחישובים חשבוניים שינה קבוצות חלוקי נחל למושגיי מספרים מופשטים, השימוש בסימן ׳0׳ לציון טור ריק שינה סימן בחול למושג מספרי חדש במתמטיקה: מספר שאינו מונה דבר. עם כניסת שיטת הספרות ההודיות לחשיבה מתמטית, פעולות חשבון שבוצעו במשך מאות שנים באמצעות מניפולציות ידניות של עצמים יכלו עכשיו להתבצע באופן מופשט בתיווך של סמלים שמביעים רעיונות מופשטים. שיטת הספרות ההודיות סללה את הדרך לשימוש בסמלים לצורך תיווך רעיונות מתמטיים גם בתחומים אחרים ובכך קידמה היווצרות שפה חדשה בשיח המתמטי.

5 -6   <u>החשבון החדש לעומת החשבון הישן</u>

בספרו: "תיאור קצר של תולדות המתמטיקה" (1960), ו. ו. ראס באול קבע את מועד תחילת המתמטיקה של העת החדשה לזמן שבו מלומדים אירופאים נפגשו עם "ספרי הלימוד הערבים",[1] לאמור, הזמן שבו אירופה התוודעה לראשונה לשיטת הספרות ההודיות. אכן קשה לערער על השקפתו של באול שהספרות ההודיות היו בעלות חשיבות מרכזית להתפתחות המתמטיקה המודרנית.

תורת החשבון של ימי הביניים הייתה מבוססת במידה רבה על ספריו של בואתיוס (שנות ה-528‑475 לספירה). שנחשב "לאחרון הרומאים החשובים שגילה ענין בספרות יוונית".[2] מן הסתם, תורת החשבון של בואתיוס גם היא לא הייתה חדשה, לאמיתו של דבר היא הייתה תרגום של תורת ניקומכוס (בשנות ה- 100 לספירה) שכפי שבאול גורס, נשאר בר ה-סמכא בנושא זה למעלה מאלף שנה. החשבון של בואתיוס כמו זה של ניקומכוס ממשיך את שגרת ההפרדה בין ׳אריתמטיקה׳—׳מדע המספרים׳, ו ׳לוגיסטיקה׳—׳אמנות החישוב׳, הפרדה שנעשתה לראשונה במאה השישית לפני הספירה על ידי בית מדרשו של פיתגורס. ׳מדע המספרים׳ היווני בזמנו של פיתגורס התמקד בהיבט העיוני של יחסי מספרים והתנהל באופן מילולי ובאמצעות הדגמות גאומטריות. ׳אמנות החישוב׳, לעומת זאת עסקה בחישובים מעשיים של חיי היום-יום והתרכזה

בשימוש האבקוס. לימוד ה-'אריתמטיקה' נחשב בעיני היוונים ראוי לפילוסופים ואילו לימוד ה-'לוגיסטיקה' נחשב לעבודת עבדים.

ה-"לוגיסטיקה" החדשה שהתנהלה באמצעות סמלים במקום חרוזי האבקוס נודעה במערב אירופה בשם: 'אלגוריתם' או "האמנות של אל-*ח'ואריזמי*".[3] קרוב לוודאי שהשם *אלגוריתם* הוא שיבוש שמו *של* אבו ג'עפר מוחמד אבן מוסא אל-*ח'ואריזמי*.

אל-*ח'ואריזמי* היה אחד המלומדים שהועסק ב-"בית החוכמה" ששימש כספריה, ומכון המחקר אותו יסד הח'ליף אל-מאמון בבגדד. ספרו סולל הדרך, 'חיסאב אל-ג'בר ואל-מוקאבלה' ('חשבון ההשלמה וההקבלה') נכתב ב-830 לספירה, בספר זה מסביר אל-ח'ואריזמי את שיטתו הידועה של איזון משוואות אלגבריות על ידי ביצוע פעולות חשבוניות זהות משני צדדי המשוואה לצורך צמצום ופישוט.[4] 'חיסאב אל-ג'בר ואל-מוקאבלה' היה ספר לימוד-חשבון ראשון שבו שיטת השימוש בספרות ההודיות הוסברה בפירוט מלא.[5] מלומדים סוברים שהערבים שהיה להם קשרי מסחר רבים עם הודו, ובזמן הזה ייצגו מספרים במילים או בספרות אותיות, התוודעו לשיטת הספרות ההודיות דרך ספר האסטרונומיה, 'סידהאנטה' ועוד לוחות וכתבי אסטרונומיה של בראהמגופטה (בשנות ה- 600 לספירה).

המלומדים הערבים כמו ההודים לא ביססו את פעולות החשבון על שיטות דדוקציה שכן לא היה להם ענין בטעונים הגיוניים, היקשים ו-"הוכחות" דדוקטיביות.[6] בהיותם בעלי נטייה מעשית הם היו מעוניינים יותר בחשבון ואלגברה משום שמקצועות אלו הניבו תוצאות כמותיות. יתכן שבגלל שאלגברה ביסודה היא הפשטה של חשבון, הם גם לא הבחינו בין זו לזה והתייחסו לחשבון כחלק בלתי נפרד מאלגברה.[7] מכל מקום הרבה מהסמלים שמשמשים היום פעולות חשבוניות שימשו תחילה באלגברה כתחליף לאמצעים המילוליים שבהם היוונים ניהלו את האלגברה שלהם. לדוגמא, סימן השוויון: "=" פורסם לראשונה בספר האלגברה, של המתמטיקאי האנגלי רוברט רקורדה בשנת 1557, להלן מובא הסברו: "...כדי להימנע מחזרות מיגעות של המילים: זה שווה ל: אני אציב כפי שאני עושה לעיתים קרובות בעבודתי, זוג של מקבילים, או צמד קווים של אורך אחד, כך: =, כי אין .2 דברים שיכולים להיות יותר שווים."[8]

הצורך ההולך וגדל של תרבויות מפותחות במתמטיקה-ייישומית מתקדמת יותר, גרם להזנחת המתמטיקה היוונית שדוגלת בתאוריה טהורה בלבד לצורך חשיבה מתמטית, ולהעדפת הגישה של המתמטיקה ההודית-ערבית שעוסקת גם בנושאים כמותיים ומעשיים.

בעזרת הספרות ההודיות וסמלי פעולות חשבוניות, חישובים מספריים לא עוד היו כבולים לפעילות המכנית של האבקוס והיו יכולים להתבצע באמצעות חשיבה מושגית. התפתחות

זאת יצרה מיזוג בין שני ענפים שלפני כן נחשבו לנפרדים: האחד -- 'אריתמטיקה' הדוגל בעיון
תאורטי, והשני -- 'לוגיסטיקה', המוקדש למטרות מעשיות.

כיום מקצוע החשבון משלב את שני ההיבטים של פעילות חשבונית, את המעשי ואת
התאורטי, ובידיי מורי החשבון רשות הבחירה: האם ללמד חישובים מספריים כפעילות הראויה
לפילוסופים או כעמלם של עבדים.

5 -6   <u>שימוש הספרות ההודיות כמכשיר לעומת שימושן כמיצגי מושגיי מספרים</u>

כזכור, היסטורית השימוש בספרות ההודיות מראה שמקור האלגוריתם האנכי
המוכר לנו כיום הוא השימוש באבקוס. כמו באבקוס שבו כל טור אנכי מיצג גודל יחידה מסוימת
כך מספרים שנכתבים בספרות הודיות נכתבים זה למטה מזה כשספרות שמייצגות גודלי יחידה
זהים, משויכות לאותו הטור כמודגם להלן:

$$
\begin{array}{r}
1 \quad 2 \quad 3 \\
+ \; 4 \quad 0 \quad 5 \\
\hline
5 \quad 2 \quad 8
\end{array}
$$

קשר זה לאבקוס מרמז שאלגוריתם מסוג זה משלב יסודות מכשור ומושגיות בעת ובעונה
אחת.

האלגוריתם האנכי שהיה נהוג אצל ההודים שהמציאו את השיטה הזאת והערבים
שהיו הראשונים לאמץ אותה, נכתב משמאל לימין כאשר היחידה הגדולה ביותר ממוקמת תמיד בצד
השמאלי של רצף הספרות ושאר היחידות מסודרות בסדר-גודל יורד לכוון ימין. הכוון שמאל-לימין
מקביל לכוון כתב הסנסקריט שבו השתמשו המלומדים ההודים בתקופה שבא הם המציאו את
הספרות שלהם [1] הפעלת הספרות ההודיות משמאל לימין במהלכי חישוב מעידה על המקור המושגי
שלהן משום שבחשיבה המושגית יש עדיפות ליחידות הגדולות המייצגות את קטגורית הגודל הכללי
של מספר. העדיפות המושגית של כתיבת ספרות בערך-גודל יחידתי יורד, אופיינית גם לאופן בו
מספרים נאמרים במילים ובחישוב בעל-פה.

אך, אליה וקוץ בה, פתיחת החישובים עם היחידות הגדולות יותר שמדריך את ה-
כיוון משמאל לימין, מחייב לעתים קרובות תיקונים בכתיבת הפעיליות החשבוניות. לדוגמא
בחיבור של 648 ו- 275 המודגם למטה, הספרה '8' שמייצגת את סכום המספרים '6' ו-'2' שבטור
המאות חייבת להימחק ולהשתנות ל '9', אחריי שהספרות '4' ו-'7' בטור העשרות חוברו ויצרו

יחידת מאה נוספת. בטור העשרות היחדה '1', גם צריכה להימחק ולהשתנות ל-'2', אחרי שנוספה עוד יחידת עשר כתוצאה של חיבור '8' ו-'5'.

$$648+275 \quad = \quad 6 \quad 4 \quad 8$$
$$+ \quad 2 \quad 7 \quad 5$$

		8̶
	9	1̶
9	2	3

השימוש בלוחות או טבלאות מאובקים בחול או קמח שרתו היטב את נוהג המחיקה והכתיבה המחודשת. גישת כתיבת פעילויות חשבונית בת ימינו, שמתחילה בצד ימין עם היחידה הקטנה וממשיכה שמאלה לכוון היחידות ההולכות וגדלות, הומצאה במאה השש-עשרה לספירה על ידי אנגלי שלא ידוע עליו דבר מלבד שמו: גרת'.[2] תאריך זה ממקם את החידוש הנ"ל שמונה מאות שנים לאחר המצאת הספרות ההודיות וארבע מאות שנים אחרי הפגשתם עם תרבויות אירופה. נראה שהאלגוריתם של גרת' שמתחיל את פעילויות החישוב עם היחידות הקטנות מימין וממשיך לכוון היחידות הגדולות יותר בצד שמאל, מאלץ את המתבונן להתייחס למספרים בדרך הנוגדת את נטיותיו הטבעיות. סביר להניח שהמקור המושגי של עדיפות היחידות הגדולות המייצגות את קטגורית הגודל הכללי של מספר בחשיבה חשבונית היא הסיבה שהדרך הבלתי נוחה של האלגוריתם ההודי-ערבית, דהיינו משמאל לימין, השתמרה לתקופה ארוכה של שמונה מאות שנים לפני שהוחלפה לשיטה המהירה והקלה של חישובים חשבוניים מימן לשמאל.

אף על פי שכיוון פעילות משמאל לימין, משקף את התכתיב המושגי של המספר, השיטה ההודית המקורית, כמו זאת של גרת', המודגמת לעיל, מעדיפה את שימוש ה-ספרות כמכשיר, על-פני מאמצים שכליים-מושגיים. כמו בשיטה של גרת', השיטה ההודית הציבה את הספרות של המחוברים זה למטה מזה בחיבור, ובחיסור, מחסר למטה מהמחוסר כאשר ספרות שמייצגות גודלי יחידה זהים היו משויכות לאותו הטור. שתי השיטות ממשות את תועלתן על ידי פרוק מספרים לגודלי היחידות העשרוניות שלהם כדי לאפשר התייחסות לכל סוג יחידה ויחידה בנפרד.

כתוצאה מההפרדה ליחידות באלגוריתם האנכי, כל פעולת חשבון עוסקת רק בשני טורים בכל פעם ללא התחשבות בגודל הכולל של המספרים או מספר יחידותיהם. להתפתחות ה-היסטורית הזאת יש השלכות חינוכיות בימנו, שכן מבחינה מושגית, תהליכי חיסור וחיבור באלגוריתם האנכי לעולם לא חורגים מתחום העשרים. ההפרטה והפרוק של המספר מפריעה

לילד/ה ליצור מושגיי מספר גדולים מ-20. אכן גם אם הילד יכול להפחית בקלות יחידה אחת ממאה אחת ללא עפרון וניר, יש ילדים שתוהים ובוהים באובדן עצות כשהם מתבקשים להחסיר אחד ממאה באלגוריתם אנכי – הם לא יודעים איך לעזאזל להחסיר אחד מאפס וקל וחומר משניי אפסים. האלגוריתם האנכי מונע מהם לזהות את הספרות 1, 0, ו - 0 כמרכיבים המשותפים לאותו המספר -- 100.

בעוד שאלגוריתם אנכי מציב מספרים בדומה לדרך האבקוס כשהספרות שמייצגות גודלי יחידה זהים משויכות לאותו הטור - זו למטה מזו, על מנת לאפשר חישובים חשבוניים, אלגוריתם אופקי מציב את ספרות המספרים אלו לצד אלו, כמודגם להלן: 84=34+50. באופן זה פעולות הדומות לחישוביי אבקוס הן בלתי אפשריות. האלגוריתם האופקי מוותר על הערך הביצועי של הספרות ההודיות ובתמורה משתמש בספרות ככלי עזר לזכירת המושגים המספריים. כתומכות היזכרות של מושגיי מספרים – הספרות נעשות אמצעי מסייע לקידום חשיבה מתמטית ולא רק אמצעי להקלה ויעילות ביצועית של פעולות חשבון. לכן, גם אם אינו יעיל כמו אלגוריתם אנכי, לאלגוריתם האופקי תרומה רבת ערך להוראת חשבון בסיסי. מכיוון שהאלגוריתם האופקי משחרר את תשומת הלב מהפעילות המכנית של פירוק מספרים, הוא מפנה את הדעת להבנת מספרים כשלמות משולבת. ההתייחסות למספרים כמכלול משולב מחזקת את ההבנה של התלמיד/ה ליחסים בין מספרים שונים ועוזרת להבנת מספרים המורכבים מכמה יחידות גודל.

בגישה האופקית לפתרון בעיות חשבון, כמו בגישה השכלית והבלתי אמצעית של חשבון בעל פה, יש עדיפות להתחלת הפעילות החשבונית מהיחידות העשרוניות הגדולות ביותר, נטייה שמעידה על גישה מושגית לפעולות החישוב. בחישוב בעל פה, התלמיד לא פעם חייב להתחשב ולשמור ב-׳זיכרון- עבודה׳ את המספרים השייכים לבעיה החשבונית שאליה מופנית דעתו. מאמץ זה מכשיר את התלמיד/ה לחשיבה חשבונית ולהבנת התכונות והיחסים בין המספרים המעורבים במשימה שלפניו. כתומך תהליכים מושגיים, ההגשה האופקית של חישוב בעל פה היא בעלת ערך רב בהוראת החשבון היסודי [3].

כאן המקום להזכיר שלא כמו בימנו שבהם חישוב היא נחלת הכלל, בזמנים שבהם האלגוריתם למיניהם הומצאו ופותחו, היכולת לעסוק בחישוב מספרים הייתה שמורה לקומץ קטן של מלומדים. לא האלגוריתם ההודי-ערבי המקורי ולא האלגוריתם החדשני של גרת׳ הומצאו כדי ללמד ילדי בית ספר יסודי בשלבים הראשוניים של היכרותם עם מספרים ופעולות חשבון, אלא כדי לשרת בעלי מקצוע הבקיאים במספרים, ואת הצורך ההולך וגדל של מלומדים אלו ליעילות

52

בחישוב. במסגרת הלימוד הבסיסי של פעילות חשבונית, אלגוריתם אנכי, נדרש רק כאשר פעולות החשבון עוסקות במספרים גדולים ומורכבים. אפשר ורצוי ללמד שיטות אלגוריתם אנכי אחרי שהתלמידים ביססו את הבנתם של הספרות ההודיות ושיטת המיקום, והפגינו הבנה ומיומנות בחישוב מנטלי ובחישוב אופקי של מספרים פשוטים בתחום האלף.

מונחון: 5 -6

זיכרון- עבודה: זיכרון זמני שמאפשר לאדם לשמור מידע לפעילות שכלית מודעת.

טבלאות

טבלה: 5 - 1 השוואה בין ספרות מיליוליות, הודיות, מצריות, אלפביתיות-יווניות, סיניות, ואבקוס.

Verbal	Hindu	Egyptian	Roman	Greek Alphabetical	Standard Chinese	Abacus
Four	4 ⇒	|||| ⇐	IV ⇒	Δ ⇒	四 ⇒	(C X I)
Forty	40	∩∩∩∩	XL	M	四十	(C X I)
Four hundred	400	99 99	CD	Y	四百	(C X I)
Four hundred-and forty four	444	||∩∩99 ||∩∩99	CDXLIV	YMΔ	四百 四十 四	(C X I)
Sums Symbolic	Sums Symbolic	Sums Tallied	Sums Mixed	Sums Integrated	Sums Symbolic	Sums Tallied
Units Symbolic	Units Positional	Units Symbolic	Units Symbolic	Units Integrated	Units Symbolic	Units Positional

Reader: Read from left to right: ⇒   Read from right to left: ⇐
Egyptian: x=1, ∩=10, 9=100   Roman: I=1, V=5, X=10, L=50, C=100, D=500
Greek: Δ=4, M=40, Y= 400   Chinese: 四 = 4, 十 =10, 百 =100

טבלה: 5 - 2   ספרות הירוגליפיות מצריות (כתב חרטומים)

1	10	100	1,000	10,000	100,000	1,000,000

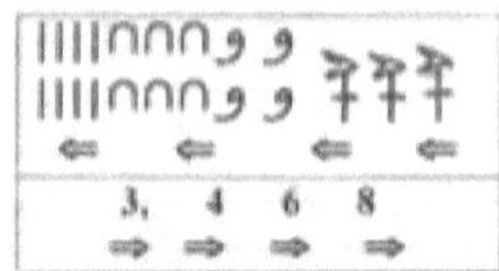

טבלה: 5-3 ספרות הבסיס הבבלי

1	2	3	4	5	6	7	8	9

10	20	30	40	50	60	0

טבלה: 5- 4 רצף יחידות בסיס שישים בשיטה בבלית

∀ and ◁	∀	∀	∀	∀
1 and 10	60	3,600 (60^2)	216,000 (60^3)	12,960,000 (60^4)
1st place	2nd place	3rd place	4th Place	5th place

טבלה: 5 - 5 שתי דוגמאות של מספרים מבוטאים בשיטה הבבלית

50x60 + 7x60	4x10 + 8	3 x 3,600 (60^2)	0x60	10 + 8
3,000 + 420	40 + 8	10,800	0	18
3, 4	6 8	1 0,	8	1 8

טבלה: 5 - 6 עשרים ספרות הבסיס של שבט המיה.

•	••	•••	••••	——	•	••	•••	••••	——
1	2	3	4	5	6	7	8	9	10

• —— ——	•• —— ——	••• —— ——	•••• —— ——	—— —— ——	• —— —— ——	•• —— ——	••• —— ——	•••• —— ——	⊠⊠
11	12	13	14	15	16	17	18	19	0

טבלה: 5 -7 המספר: 1,379,162 בספרות של שבט המיה.

Mayan's base-20 units' progression	1,370,162 In Mayan's numerals	Mayan Hindu's numeral conversion
5th place: 18×20^3 144,000	•••• ——	5th place (x9) 1,296,000
18×20^2 7,200	—— ——	4th place (x10) 72,000
3rd place: 18×20 360	• ——	3rd place (x6) 2,160
2nd place: 20 20	⊠⊠	2nd place (x0)
1st place: 1 1	••	1st place (x2)

טבלה: 5 -8 ספרות רומיות

M	D	C	L	X	V	I	MMMCDLXVIII ⇒ ⇒
1000	500	100	50	10	5	1	3,4 6 8

טבלה: 5 -9 הספרות הסיניות

一	二	三	四	五	六	七	八	九	十	百	千
1	2	3	4	5	6	7	8	9	10	100	1,000

三千四百六十八
3, 4 6 8

טבלה: 5-10 לוח האבקוס

M 1,000	C 100	X 10	I 1
			●
			●
		●	●
		●	●
	●	●	●
●	●	●	●
●	●	●	●
●	●	●	●
	3,	4 6	8

6

מקור המספרים

 <u>החיפוש אחר חוש-מספר</u>

מספרים הם לב העשייה האנושית, המדע וחיי היום יום, עד שנדמה שהם חלק בלתי נפרד מחיינו ואולי אפילו מהטבע האנושי שלנו. לא ייפלא אם כן שמלומדים בתחומי ידע רבים מעוניינים לחקור את מקור מושג המספר ואת האפשרות שלבעלי חיים בכלל ובני אנוש בפרט יש *חוש-מספר* מולד המיועד לעיבוד וקליטת מספרים. מספריי המנייה הם המספרים הראשונים והבסיסיים ביותר בסולם העולה של תחכום סדרות המספרים השונות—הם מהווים אם כן את התשתית עליה בנויים כל שאר מושגיי המספרים. מדרך הטבע שסידרה זאת של מספרים מעניינת במיוחד את חוקרי חוש-המספר, ואכן הם נקודת המוקד של מחקריהם. הפרק שלפניכם עוסק בשאלה האם יש ראיה ברת תוקף לטענה שקיים מנגנון ביולוגי המסוגל לקלוט, לעבד, או ליצור מושגיי מספרי-מנייה שניתן ליישמם בחשיבה מתמטית.

ראשית חוכמה, הבה נברר למה כוונתנו כשאנו משתמשים במונח, "מספר", הרי למונח "מספר" יש מובנים שונים בשפה המדוברת, בנוסף למובנו המתמטי המופשט. ובכן, בשפת היום יום, "מספר" יכול לשמש כמילה נרדפת לרבים, כמה, כמות, קצת, מעט, הרבה. יש גם המייחסים את המונח "סיפרה" שפירושו סמל מילולי או חזותי שמייצג מושג של מספר, כאילו הסמל עצמו, הוא מושג המספר. כפי שעושה זאת דהין בספרו רב המכר: "חוש המספר".[1] עלינו גם לזכור שכמושג שמשמש חשיבה מדעית ומתמטית, כל מושגיי המספר, גם הבסיסיים והפשוטים ביותר כמו מספרי המנייה, חייבים להיות זמינים לחשיבה רצונית ותבונתית, ולא, אין להם שימוש בחשיבה מתמטית.

גם למונח, "חוש" יש כמה מובנים. המובן המילולי מורה על יכולת פיסיולוגית מולדת לקלוט גירויים שמקורם הוא הסביבה הפיסית: אור, קול, חום, ריח, צורה וכדומה. בהשאלה, למונח "חוש" יש פירושים נוספים. "חוש" יכול להורות על נטייה טבעית, תפיסה בלתי אמצעית, רגש, ואפילו על מיומנות, ידע. לכן צרוף המונחים "חוש," ו-"מספר" זה לזה, יכול להתפרש לא רק כחוש מולד למספר, אלא גם לידע ומיומנות מספרית.

בספרות הפדגוגית הערך "חוש-מספר" מתכוון בדרך כלל להורות על יכולת הבנת מספרים והיחסים ביניהם, על בקיאות, מיומנות בחישוב, וביישום הידע הזה בפתרון בעיות חשבון. אבל אפילו כאשר במובנו החינוכי המונח *חוש*-מספר" בצרוף "חוש-מספר" אינו מתפרש כפשוטו, כלומר יכולת תפיסת מספר באמצעות החושים. אף על פי כן, השימוש במונח "חוש", בהקשר הוראת החשבון עדיין מעורר תמיהה. על מה ולמה רק נושא החשבון בלבד נלמד לצורך רכישת **חוש** בשעה שנושאיי ההוראה האחרים נלמדים לצורך רכישת **ידע, בקיאות או מיומנות**? בספרות מדעיי הטבע, לעומת זאת, למונח "חוש" יש פרוש יותר ברור ועקבי—פירושו: יכולת פיסיולוגית מולדת לקליטת גירויים פיסיים. הצרוף "חוש-מספר" במדעי הטבע, אם כן, מורה על נטייה ביולוגית מולדת לקליטת מספרים. החיפוש אחר מבנה מוחי המיועד במיוחד לעיבוד מספרים או איזה שהוא עדות לקיומו הוא מוקד של לא מעט חיפושים אקדמאיים אחר "חוש-מספר" אצל בעלי חיים.

כיום, חסידיי תאוריות שונות של חוש-מספר מולד מזהים מנגנון מוחי לקליטת מספרים בשם "מצבר", בלועזית: *accumulator*. מקור המונח "מצבר" הוא עבודת המחקר של מק וצ'רצ' (1983) בה הם חקרו תגובות של חולדות למשכיי זמן וגדליי-מספר שונים, מתוך השערה, שלעיבודי קליטת משך זמן וקליטת גודל מספר, יש מנגנון פעולה משותף. [2]

מטרת המחקר של מק וצ'רצ' הייתה לבסס את הקשר בין הערכת משך זמן וכמות מספרית אצל חולדות ולאו דווקא את יכולתם בהערכת מספר כשלעצמה. אלא שהרעיון שתהליכיי הערכת משך זמן והערכת כמות מספרית משתמשים באותו מנגנון ביולוגי, הוא בעייתי, שהרי משך זמן הוא מהות רצופה ואילו גודל מספר מורכב ומובן באמצעות יחידות נפרדות—בהחלט לא מהות רצופה. ואמנם מק וצ'רצ' עצמם הודו שהמונח "מנייה", שכמקובל, קשור לתהליך תיוג בסמל, אולי לא מתאים לתיאור התנהגות החולדות במחקרם, ולשאלה האם חיות יכולות ליישם תיוג של סמל לציין ערך מספרי", לא נמצא פתרון. [3] על אף העובדה שהיסודות המדעיים עליהם מושתת מושג ה-"מצבר" אינם משכנעים דיים כדי לספק תמיכה לתאוריית חוש-מספר, רעיון ה-"מצבר" נעשה קרקע פורה ללא מעט תאוריות של יכולת מספרית מולדת. כשדהין כתב את ספרו: "חוש המספר" ב-1997, המונח "מצבר" הפך מונח מקובל בשיח האקדמי. דהין טען בספרו ש-"לחיות יש מנגנון ביולוגי הידוע בשם מצבר שמכיל רישום מתחדש של כמויות שונות", המנגנון הזה "פותח ממד חדש לתפיסה חושית שבאמצעותו כמות מספרית של

מערכת עצמים יכולה להיתפס באותה קלות שבה נתפסים צבע, צורה או מיקום. [...]
חוש מספר זה מעניק לחיות ובניי אנוש, גם יחד, תפיסה בלתי אמצעית של משמעות
מספר", הוא הסביר.[4] קרן וויין גורסת שהמצבר מייצג מספרים באופן שונה מזה על ידי
מילות המנייה –"כל תכולתו של המצבר, לא רק התוספת האחרונה בלבד" מייצגת את
ערך הכמות המספרית של הפריטים.[5]

כמה מחסידיי "חוש מספר" שמו לב לעובדה שה-מספרים כביכול, של מק וצ'ארצ'
הם חסרי יחידות, ולכן העלו פירושים ותוספות כדי להסביר את פעולת ה-מצבר. לדוגמא,
סטפן לורנץ ואריך מרגוליס טוענים שייצוג מספרים במצבר הוא על תקן של גודל
משוער, מספרים מיוצגים רק בקירוב, "במקום לציין 17 (ורק 17), המצבר מייצג בצורה
מעורפלת טווח של מספרים בסביבות ה-17".[6] הם מוסיפים ומבהירים: מצבר מייצג
הכרת מספר באמצעות "גודל מנטלי"—הווי אומר: "[...] במקום להשתמש בסמלים
נפרדים, המצבר יוצר תצוגה שמעוגנת במונחים של משתנים רצופים. דמיינו מים
שנשפכים למיכל מכוס מלאה, כוס אחר כוס כמספר היחידות שיש למנותם. כתוצאה,
מכך, נוצר מפלס מים (שהוא משתנה רצוף) המספק ייצוג של גודל מנטלי של קבוצה:
ככל שהמפלס גבוה יותר - גודל הקבוצה רב יותר".[7]

פירוש ההשערה שמספרים מיוצגים באמצעות תכולתו של מכל או מפלס נוזלים
הוא שמספרי המצבר הם נטולי יחידות. השאלה המתבקשת כאן היא איך מכל מלא או
מפלס נוזלים, שהוא מדרך הטבע ,נטול יחידות יכול להיחשב למספר? הרי ערכיי גודל
מספרי נבדלים זה מזה על ידי הסכום הסגולי של יחידותיהם. ללא ההפרדה ליחידות,
מפלס המכל יכול לענות רק לשאלה: **"מה** התפוסה הכוללת של הנוזל במכל?" אך לא
לשאלה: **"כמה** יחידות נוזל במכל?" ייתכן שלדעתם של מצדדי "חוש-מספר" תיאור
המצבר כמנגנון הצובר כמויות באמצעות רצף של הוספות נפרדות של כוס מלאה מים, זו
אחר זו, מספק ראיה להימצאות יחידות כלשהן במצבר. אם כך, המצבר צריך להיות
מנגנון ביולוגי שבאמצעותו קבוצת יחידות גשמיות נהפכות לאיזה שהיא מהות רצופה.

בנוסף להיותו מכשיר להערכת מהות רצופה, המצבר מייצג את הכמויות רק
בקירוב ובדרך מעורפלת כמוסבר לעיל. תכונות אלה מעלות את השאלה מה מבדיל בין
תפיסה חושית ישירה של גודל או נפח ובין "חוש-המספר" שאמור להיווצר על ידי
המצבר? חוקרי חוש-מספר לא מתעכבים על שאלה זו, במקום זאת הם מנסים לענות על

השאלה: מה הוא התהליך של הפיכת תוצרת המצבר המתמשכת ברציפות והבלתי מדוייקת, למושג מדויק של סכום יחידות סיגולי.

דהיין מסביר שהמעבר של רישום מהויות רצופות שנוצרו על-ידיי המצבר לידע מספרי, נוצר הודות ליכולת האנושית לחשיבה סמלית. הוא טוען ש-"השפה מאפשרת [לבני אנוש] לתייג אין סוף מספרים שונים", התגיות האלו "מסמלות ומפרידות כל מהות רצופה."[8] הילד מבצע תיוג על ידי קישור הסמלים-המספריים לתגובות המצבר שלו לכמויות המתאימות. כשהילד מבין שהמילה "שלוש" מושמעת לעתים קרובות כאשר המצבר השכלי שלו במצב מסוים (בתגובה לנוכחות שלושה פריטים), לבסוף הוא יבין את משמעות המילה: 'שלוש'.[9]

עבור מדעני המוח בימינו, פעולת הסימול אינה רק שיטת תיוג, אלא מערכת רבת רבדים שבנויה על רשת סבוכה ועשירה של קשרים בין מושגים וסמלים. לפי אדלמן, פעולת הסימול היא שיטה מיוחדת להיזכרות וייצור מושגים. כשיטה יעילה ביותר, לדלייה, אחזור ואיתור מושגים, הסימול מרחיב לאין שיעור את יכולתנו לשייך מושגים וסמלים זה לזה, לסווג אותם, ולקדד אותם מחדש.[10] טרנס. וו. דיקון מתאר את השפעת פעולת הסמלים כך: "אנחנו לא סתם בעלי חיים שמשתמשים בסמלים. היקום הסמלי לכד אותנו לרשת ממנה איננו יכולים להימלט". הוא ממשיך בדימוי "התפתחות השימוש בסמלים ל-'נגיף-שכלי' שגרם לזיהום, שהחדיר בנו דחף בלתי נישלט להפוך כל דבר או אדם בו אנו נתקלים לסמלים."[11] המונח תיוג שמתייחס ל-"מיפויי פשוט", מתעלם מהיחסים המורכבים ומהרבדים הרבים המאפיינים את תפקוד הסימול, הוא מוסיף שהשוואת סימול לתיוג לא מזהה את ההבדל "בין ההבנה המושגת דרך שגרת שינון הדומה לזאת שכלבי מסוגל לה, לבין ההבנה המשמעותית שכל אדם בעל יכולת שכלית רגילה מדגים." זאת משום שסמלים מבוססים על "רשת של יחסים אסוציאטיביים" לכן הם מסוגלים להתייחס ליישום מושגי נרחב ומופשט יותר של המילה. ולא כבולים להתאמה ישירה בין מילה לעצם בלבד.[12]

דיקון מזהה שני דרכים לשימוש בסמלים: סמל המאזכר את המערכת המורכבת של יחסים כמתואר לעיל, וסמל שמקשר תו לתופעה או פעולה במציאות פיסית. קישור-תו למציאות פיסית עשוי להירכש באמצעות התניה, דהיינו חיזוק חוזר לתגובה רצויה. משמעות החלוקה הזאת היא שהתאמת המילה "שלוש" לקבוצה של שלושה פריטים לא מעידה בהכרח על הבנת משמעות הסמל המילולי "שלוש". היא יכולה להיות תגובה לא

מודעת שנרכשת בדרך התניה על ידי אין ספור פגישות חוזרות בין תו ומציאות פיסית מסוימת. [13] ביחסי גומלין אנושיים הסיכוי למפגש של סמל מילולי ומושאו בתדירות מספיק גבוה כדי ליצור התניה בין תו ודבר-מה במציאות פיסית, הוא נמוך ביותר.

מדגים זאת היטב הניסוי של צ'רלס פרסטר וקליפורד המר (1960) בו הם אילפו שני שימפנזים בהצלחה דרך התניה להתאים נכון ספרות בינריות מאחד עד שבע (1,10,11,100,101,110,111,) עם קבוצות פריטים בעלות אותם מספרים. בסקירתם המקיפה על מגוון רחב של ניסויי יכולת המנייה של חיות, הנק דוויס וג'ון ממוט הצביעו על כך שאמנם השימפנזים בניסוי הנ"ל של פרסטר והמר "היו מאוד מיומנים בזיהוי שבע הספרות," אבל כדי לפתח את היכולת הזאת, הם נזקקו ל- 500,000 ניסויים חוזרים ב- 200 פגישות, כלומר, 2,500 ניסויים בכל אחת מ200 הפגישות. הם הזכירו גם את הניסוי של מק וצ'רצ' שנזקקו ל- 15 ימים, 45 שעות, 500,000 ניסויים כדי לאמן את החולדות במחקרם לזהות הבדלי גודל מספרי של קבוצות ביחס 1:4. [14]

מחקרם של דרקין, שיר, רים, קרודר, ורוטר על יחסי גומלין טבעיים בין אימהות וילדיהן בגיליי 9 חדשים עד 36 חודשים מחזק את הספק בתאוריה של דהיין כשמסתברת העובדה שבמציאות יש "מרחב ניכר של אפשרויות לבלבול/וסתירות" במסרים של ההורים לילדים ביחס לספרות. [15] לדוגמא: אפשר להשתמש במילה "אחד" ככינוי-השם כמו בדוגמה של אם המדברת עם תינוקה בן 9-חודשים: "שים כאן שניים - האחד הזה והאחד הזה." ויש גם מילים הומופוניות שצלילן זהה אך משמעותן שונה, כמו המילים האנגליות: "two (2), "too" (גם-כן), ו-"to" ו-(ל-) שלכולן אותו הצליל של ת' שרוקה – דוגמת הביטוי להלן: "אחד אמא [...] האחד הזה "too" (גם), ואחד "to [me]" לי. [16] בנוסף לכך יש אפשרות להשתמש במילות ספירה ללא קשר מנייה כמו ב- "יש חמישה כפתורים" לעומת המנייה של חמשת הכפתורים. [17] או ברצף מילות מספרים המעורבת במילים שאינן מילות מספרים כמו ב-"אחת, שתיים, שלוש – הופלה", לעומת "אחת, שתים, שלוש, ארבע." [18]

לאור גילויים אלו ניתן להבין שהסיכוי שבני אנוש ילמדו לקשר בין מילות מספרים למציאות פיסית מסוימת, שלא לדבר על רכישת משמעותן של מלים אלה, היא נמוכה ביותר או אינה קיימת לחלוטין. לעומת זאת, הרשת העשירה במושגים וסמלים של בני אנוש מאפשרת יצירת קשרים בין מילים לעצמים שונים ללא צורך באין ספור ניסיונות חוזרים. יתרה מזאת, אותה רשת מושגים מאפשרת יצירת מושגים חדשים שאינם

תלוויים בנתונים של הסביבה החיצונית ולהשתמש במושגים אלו לחשיבה מופשטת. אכן דרקין וקבוצתו מסבירים שהמידע הסותר שנוצר כתוצאה של יחסי אנוש, דוחף להתפתחות. הם מסבירים זאת כך: כאשר הנתון בעייתי, הילד חייב להשיג את המיומנות ללא הסתמכות על נתון זה, או להשיג התקדמות באמצעות המהלכים שהוא פיתח על מנת להתמודד עם הנתון הבעייתי.[19]

במידה שחוקרים את יכולת השימוש במספרים בעולם החי, יש כמובן צורך להתייחס ליתרונות האבולוציוניות של יכולת זו. דוויס וממוט שסקירתם על ניסויי יכולת מנייה של חיות הוזכרה לעיל, העירו: "יש באופן יחסי מעט מאוד פריטים בעולם החי שיש למנותם. [...] תמיד יש אפשרות יותר פשוטה ויעילה להתמודד עם גורמים חשובים." הם שיערו שרק טיפול של אם בצאצאים יכול לגרום לצורך מנייה בסביבה טבעית. אך סקירה של כמה מחקרים על התנהגות אימהית של חולדות "לא גילתה שום ראיות לכך שלמספר עצמו יש איזשהו תפקיד. במקום, ניראה שהצלחת החולדות בהחזרת גורים תלויה בהרבה גורמים שאין להם דבר עם מספר, הבולט ביותר זה גורם האולטרה-סאונד." בסיכום מחקרם הם מצביעים על כך שהתנהגות מנייה בחיות שייכת באופן בלעדי למעבדות ניסויים, אותם הם מתארים כ- "מוגבלת פחות או יותר לתנאים קיצוניים ולא טבעיים."[20] בין היתר הם מזכירים כדוגמא את מחקריהם של מק וצ'רצ' בחולדות, ושל פרסטר והמר עם שימפנזים, שהזכרנו לעיל.

אך גם אם נקבל את ההנחה שקיים איזשהו מעבד-מספרים ביולוגי או חוש-מספר, עדיין נותרה לנו חובת הדיון בסוגיה בסיסית: איך דחף טבעי של כימות שנוצר דרך תגובה בלתי רצונית למידע חושי שמשודר מהעולם החיצון, נהפך למושג אנליטי בלתי תלוי בגירויים חיצוניים, וזמין לבחינה רצונית מודעת, כפי שכל מושגי מספרים ברי תוקף מתמטי חייבים להיות? הרי ידוע שדחפים ומיומנויות מולדים במוח בעלי חיים, מוגבלים למשימה מיוחדת אליה נועדו. לכן, נוסף לכך שדחפים מולדים אלו הם לא רצוניים, הם גם אינם ניתנים ליישום לאף משימה, זולת זאת שלמענה נועדו. דבורים, לדוגמא, ידועות כמומחיות לבניית משושים לצורכי חלות הדבש שלהן. המיומנות הזאת כמובן מודרכת על ידי נטייה מולדת טבעית, עליה אין להן שליטה. לכן הן יכולות להשתמש ב-מיומנות זאת רק לבנית חלות דבש. לעומת זאת האדם, שלא כדבורה, אינו יכול להסתמך על יכולת מולדת לבנית משושים, במקומה, הוא נאלץ להסתמך על יכולת

חשיבה, על תכנון, ועל שימוש בכלי מדידה לבניתם. אבל, הודות ל-"מגבלה" הזאת היישגיי הבניה של האדם משתרעים הרבה מעבר לבנית חלות דבש.

יתרה מזאת, תגובות טבעיות לעולם החיצון כפופות למידע חושי שכמובן לא כולל מושגיי מספרים, שהרי מספרים כשלעצמם הם חסרי מאפיינים פיסיים. אכן, גם התומכים הנלהבים ביותר לרעיון של קיום חוש-מספר מכירים בכך שמספרים חושיים כביכול, שונים בתכלית מהמספרים שבאמצעותם אנו מונים ומחשבים. נראה שגם דהיין מודע לאמת הזאת כאשר הוא מסביר בספרו על חוש-מספר, שלמרות שה-מצבר מסוגל לרשום רק הערכות כמויות רצופות, המעבד "הבראשיתי" הזה "מתאר, בלי התאמה ברורה לגמרי, את החשבון שמלמדים ילדים בבית הספר." [21]   לכן זה לא מפתיע שרק כאשר מדובר בתיאורים מעורפלים של מספרים, ומנייה, אפשר ליחס לחיות ותינוקות בני יומם, השגת מושגי מספרים ויכולת מנייה, מולדים. אכן, בסיכום הסקירה של מחקרים רבים שעוסקים ביכולת המספרית של חיות, שהוזכרה לעיל, דוייס וממוט כותבים: "כמה מהגדרות התנהגות מנייה, מבטלות את האפשרות שחיות מסוגלות למנות." [22] הם מציעים, לכן, הגדרה מחודשת למנייה: "[...] כך שהיא בעת ובעונה אחת תהיה דומה לפעולת מנייה אנושית, ועדיין תוכל להתבטא בהתנהגות של סוגי חיים אחרים." [23] זאת הם משיגים על ידי החלפת המונח ספרות ל-"רצף כמויות" שאת מהותו הם לא מפרטים, ו-"יישום רצף זה בפעילות התאמת-אחד-לאחד עם העולם החיצון." [24]   אלא ש-בהחליפם, לצורך מנייה, רצף ספרות בעלות משמעות מספרית ב-"רצף כמויות", שהם מן הסתם רצף תוויות עלומות ללא משמעות ברורה, דוייס וממוט משמיטים ללא משים את התנאי ההכרחי למנייה, דהיינו - הסתמכות על משמעות מושגית של הספרות המילוליות שמשמשות את המנייה. שהרי ללא משמעותן, המנייה עצמה חסרת משמעות.

נראה אם כן שלתאוריית חוש-מספר מולד, יכול להיות תוקף רק אם קיים מנגנון שכלי שתפקודו הוא להפוך באופן אוטומטי מידע שנרכש ישירות דרך החושים ללא מעורבות חשיבה מודעת — למידע זמין לחשיבה מודעת.

דא עקא, השקפתם של מדעניי המוח הפוכה בנושא זה. אדלמן, למשל, טוען שלתשומת לב מודעת יש תפקיד מפתח בתחילת לימוד משימות של שגרה מוטורית או תבונתית, כדוגמת דיבור, כתיבה, רכיבה על אופניים, נגינה, או עשיית חשבון. "הצלחה בלמידה מובילה לאוטומטיזציה" של הפעולות השגרתיות הללו. "תשומת לב מודעת לעיתים קרובות לא נדרשת לביצוע פעולות והיא נדרשת רק כאשר עולה הצורך בחידוש,

או כשהמטרה לא הושגה.״ [25] נראה אם כן, שמבחינת פעילות המוח, התנועה לכיוון מיומנות מספרית וחישובית, היא מהמודע אל התת-מודע, שהיא בניגוד למרומז בתאוריות של חוש- מספר מולד. טרנס דיקון מדען המוח ואנתרופולוגיה אבולוציונית מחזק את השקפתו של אדלמן – הוא טוען שממגמת תהליכיי ההכרה האנושית היא להעביר את משימות עיבוד מידע לתת-ההכרה ופעולות אוטומטיות. זאת משום שפעולות אלו הן הרבה יותר יעילות מהפעולות המודעות. במילותיו של דיקון: ״ההכרה היא מבולבלת ומסורבלת,״ לכן התהליכים ההכרתיים שואפים להיהפך לפעולות אוטומטיות, תת-הכרתיות, ומכניות: ״חיבור פשוט בין נתון לתוצאה.״ [26] מסתבר אם כן, שמה שאנו חווים כתגובה חושית ישירה של זיהוי מספר הפריטים בקבוצות גשמיות, הוא לאמיתו של דבר ׳תחושה נלמדת׳, לאמור, מנייה אוטומטית שהיא תוצאה של נוכחות מושג מספרי שנרכש באופן מודע מקודם יותר.

לא פחות חשובה העובדה שהעדיפות העיקרית של מושגיי מספרים היא בכך שהם מאפשרים החלפת כימות חושית שהיא סובייקטיבית, לא מדויקת ויחסית בטיבה -- לשיטת כימות שהיא אובייקטיבית, מדויקת ומוחלטת. על פי רוב אנו משתמשים במספרים לקביעת גודל רק כאשר יש צורך בהגדרה מדויקת ואמינה. למשימות שאפשר להשיג באמצעות התרשמות חושית של גודל, כמו לבחור את קבוצת התותים הגדולה יותר, או מקום החניה המתאים לגודל המכונית שלי—אין צורך להיעזר במספרים. לכן המונח ״חוש מספר״ מכיל בתוכו סתירות מושגיות לא רק משום שלמספרים לכשעצמם אין תכונות פיסיות, ולכן אינם יכולים לספק מידע שעשוי להיקלט דרך החושים שלנו – אלא גם משום שהמטרה העיקרית של השימוש במספרים היא להשיג דיוק ואובייקטיביות בהערכת כמויות. הערכת הכמויות המדוייקת והאמינה הזאת מושגת הודות לכך שהיא מחליפה את ההתרשמות החושית בחשיבה אנליטית מודעת. מסתבר, אם כן, שהמונח ״חוש מספר״ הוא בעצם אוקסימורון, שהרי הוא סותר את התהליכים השכליים שמאפיינים הבנת מושגיי מספר, את משמעות ההישג של יצירתם, ואת עצם הסיבה לשימוש בהם.

אם יש גרעין אמת לסברה שלאדם יש נטייה טבעית למספרים, הרי שניתן היה לצפות שנטייה זאת תבוא לביטוי בתרבויות האנושיות מימים ימימה. אך העובדות טופחות על פנינו – איך נסביר את ההנחה המקובלת שאפשר לקשר את המילה ׳שלוש׳—׳ת׳רי׳, בכמה שפות הודו-אירופאיות לזמנים שבהם המספר שלוש היה מעבר ליכולת המנייה של האדם,

ושאפילו כיום יש עדיין מספר תרבויות שבטיות שלא מכירות מספרים גדולים משתיים או ארבע? לאמיתו של דבר, ההיסטוריה האנושית מצביעה על כך שמיומנות מספרית היא לא רק תופעה חדשה יחסית בהתפתחות תרבויות האדם, אלא גם שמושגיי מספרים הם מטלה מכבידה ליכולת ההשגה השכלית של בני אנוש – היפוכה של פעילות טבעית מרנינה. אכן, כל עוד היתה להם אפשרות להשיג את מטרותיהם בדרך מניחה את הדעת, בני אנוש העדיפו, שוב ושוב, להשתמש בדרכים חלופיות להערכת ובדיקת כמויות כדי לעקוף את הצורך להתייחס למושגיי מספרים. אם אמנם רעיונות מספריים היו מטבע בריאתו של האדם, האנושות לא היתה טורחת להמציא אין ספור תחבולות ומכשירים במשך דורות, ומרחבי תרבויות כדי להקל ולעזור בחישובים מספריים.

היסטוריונים ומתמטיקאים מתייחסים למושגיי מספרים כתופעה תרבותית—לא כתופעה ביולוגית, ומצביעים על כך שמבחינה היסטורית התפתחות שיטות מנייה וציון מספרים משקפים צרכים תרבותיים. דעה זאת מאומתת בעובדה שתרבויות בהן המבנים החברתיים, הכלכלה, והטכנולוגיה נשארו פשוטים, לא נזקקו לשימוש במספרים והצליחו להתקיים אלפיי שנים בלי לפתח מערכות מספרים מעבר למספרים הבסיסיים ביותר.

אם אמנם מספרים הם תופעה תרבותית, יש סיכוי גדול יותר למציאת התשובה למקורם בחקירת תרבויות האדם, במקום בביולוגיה שלו.

מונחון: 6 -1

מיפויי פשוט: למקום דבר מה לפי מפתח או אינדקס

משתנה/ים: בנוסחה האלגברית: 2a=4b, האות: a והאות: b, הם משתנים.

התניה: חיזוק לתגובה רצויה של קישור בין איתות כל שהוא ובין מציאות או פעילות מסוימת באמצעות גמול. כשהחיזוק חוזר פעמים רבות, נוצרת התניה לתגובה הרצויה.

כימות: מתן ביטוי כמותי לדברים

שפות הודו-אירופאיות: משפחת שפות שנוצרו באירופה וחלקים בדרום ומערב אסיה

ידע זמין: ידע שיש גישה אליו וניתן להשתמש בו .

6 - 2 <u>המספר כתהליך.</u>

יש הגורסים שתהליך ה-"אחד לאחד" לבדיקת כמויות הוא המקור להתפתחות מושגיי המספרים. אכן יש לא מעט קווויי דמיון בין תהליך המנייה ותהליך ה-"אחד לאחד" הקדום: שניהם מבוססים על ההבנה שכאשר פריטים מקבוצה אחת מותאמים אחד מול

אחד לפריטים של קבוצה אחרת, המספר הכולל של הפריטים בכל אחת משתי הקבוצות שווה. השימוש ב-"כמויות עזר" שהן קבוצות קבועות של פריטים כגון מקלות, אבנים, וכדומה ששרתו ככלי להערכת כמויות בעבר, מקרב את הדמיון למושגי מספרים עוד יותר אפילו, שכן בתהליך המנייה, המונה משייך מילת מספר אחת לכל אחד מהפריטים באוסף שלו, ממש כפי שעשה זאת בעבר האדם השבטי עם העצמים של כמויות העזר שלו. כמו כן, מושגי מספרים, ממש כמו הסכומים הקבועים של "כמויות העזר", משרתים כדגם שנגדו מושווות הכמויות הנבדקות (ראה: פרק 1-2). אך אולי הנימוק בעל הערך הגדול ביותר להחשבת התהליכים הקדמוניים והפשוטים של אחד-לאחד לגווניהם, כמקור מושג-המספר, הוא שהם מהווים נקודת מפנה בנוהג הערכת כמויות. זאת, משום שהם מחליפים את ההסתמכות על התרשמות חושית-ישירה, ומידית --בהסתמכות על תהליך אנליטי מבוקר, הגיוני ומודע. בפעולת המנייה, ובפעולת האחד-לאחד הקדום, כמויות נתפסות ומנוהלות כסכום, והערכת גודלם מתנהלת באמצעות ניתוח מודע של היחידות שמרכיבות את סכומם.

נדמה שהיה דרוש רק עוד צעד חשיבתי קטן קדימה להלך המחשבה ההגיוני והניתוחי ששירת את תהליך האחד-לאחד כדי להשיג את רעיון המספר. לכן הגיוני להניח שמושגי מספרים צמחו מתהליך זה. אך ככל שהדבר יראה מוזר, תרבויות רבות בעבר ובהווה השתמשו בתהליכי האחד-לאחד לסוגיהם לבדיקת מלאי או לצרכי מסחר במשך מאות ואלפי שנים מבלי לרכוש מערכות מספרים. תושבי פיג'י, לדוגמא, יכלו לאגור קבוצות מדויקות של אלף אגוזיי קוקוס, שנקראו בשפתם: "סלורו", אבל כפי ש-מנינגר טוען, לא הייתה להם "סידרת מספרים—לפחות לא סידרה נרחבת ."[1]

אכן, אם נחקור את תהליך האחד לאחד ביתר יסודיות, נגלה שהסיבה לכישלון השיטה להניב מושגיי מספרים במוחו של המשתמש בה, כלל אינה מפתיעה. גם אם יש דמיון בין שתי השיטות, תהליך המנייה ותהליך האחד לאחד שונים זה מזה לא רק במטרתם אלא גם בקשרים המושגיים שלהם. מטרת המנייה היא להשיב לשאלה: '**כמה** פריטים יש בקבוצה יחידה' בעוד שמטרת תהליך האחד לאחד, שעוסק בהשוואה בין שתי כמויות דרך התאמת הפריטים שלהם אחד לאחד -- היא להשיב על השאלה: "לאיזה קבוצה יש **יותר** (או **פחות**) פריטים מהקבוצה המושוויית" משמע – המנייה קובעת ערך **גודל-מוחלט** של קבוצה מסוימת, בעוד ששיטת האחד לאחד קובעת ערך **גודל-יחסי** בין

שתי קבוצות. כפי שנאמר, גם הקשרים המושגיים של שתי השיטות שונה. במנייה, המונה משתמש במילות מספר, שכל אחת מהן מייצגת מושג מספרי מסוים, לצורך פעילות התאמת האחד-לאחד שלו. להקשר המושגי של המילים האלה יש תפקיד מרכזי לתהליך עצמו משום שמילת המספר שמסיימת את המנייה מזהה את הערך המספרי של כל הקבוצה. לעומת זאת המקלות או האבנים שמשמשים את תהליך האחד לאחד הם חסרי משמעות מספרית. מכוון שהכלים להערכת גודל קבוצת פריטים בתהליך האחד-לאחד הוא לא מושגיי מספרים אלא קבוצת פריטים מוחשית אחרת -- נוהל זה משיג את מטרות הכימות שלו, ללא צורך התייחסות למושגי מספרים.

הודות להקשר המושגי, תהליך המנייה מאפשר להגדיר כמויות במונחים מדויקים, ייחודיים ומוחלטים. השימוש בטכניקת ההשוואה אחד לאחד מותאמת למציאות שמלכתחילה אין בה אפשרות להגדרת כמויות במונחים מוחלטים – מציאות כזאת קיימת בשני מצבים: א. באין מושגי מספרים כדוגמת התרבויות הטרום מספריות; ב. כאשר הכמויות אינן מוחלטות, למשל מספרים אינסופיים כדוגמת קבוצות כל מספרי הספירה, הפאי (יחס בין היקף מעגל וקוטרו), ועוד, ועוד. אכן, כאשר המתמטיקאי, ג'ארג' קנטור המציא את "חשבון האינסוף", הוא אימץ את שיטת ה-אחד של ימים עברו כדי להתמודד עם בעיית הכמויות האינסופיות שאינן גדלים מוחלטים. [2] החשבון של קנטור יועד, כמובן, לעקוף את הצורך לבטא מספרים אין סופיים באופן מוחלט. לא מתקבל על הדעת שמספרי הספירה שהם רעיונות של גדלים מוחלטים – יצמחו מתהליך שמטרתו להשיג ערכי גודל יחסי.

העובדה שעניינו של תהליך האחד-לאחד מוגבל לטיפול בכמויות פיסיות, היווה גם הוא מכשול להשגת מושגיי מספר. שיטות הכימות הללו לא יכלו ליצור מושגיי מספר משום שלא אפשרו לאדם העוסק בהן להתנתק מהמציאות הפיסית. לרוב קרה דבר הפוך, ההגדרה הכמותית קיבלה את זהותה מהעצמים שכמותם נבדקה בתהליך האחד לאחד. לדוגמא 'האלף' של תושבי האי פיג'י -- "סולרו" שהיה מדויק להפליא, התמזג ללא הפרד מאגוזיי הקוקוס שאת כמותם הוא ציין, ולכן שבטי פיג'י לא השתמשו בו לכימות עצמים אחרים. בשיטת האחד לאחד, אם כן, ניתן היה לצבור כמות ספציפית מבחינה טכנית ואפילו לכנות כמות זאת בשם ייחודי מבלי להיזקק להקשר מושגי של מספר. המילה 'סולרו' שקיבלה את משמעותה מכמות מסוימת של אגוזי הקוקוס, לא הייתה מובנת ללא המושג: אגוז קוקוס. [3] ככינוי למספר המזוהה ללא הכר עם פריט מסוים – המילה: 'סולרו' לא הובנה כרעיון כולל של המספר 'אלף', שמונה כל דבר בר מנייה. אפילו את

מושג ה-'עשר', שבטי ה-פיג'י יכלו להבין רק באופן מעורפל – שהרי עשר סירות כונו:
'בולה', אבל עשר אגוזי קוקוס כונו: 'קורו'. המלים 'בולה' ו-'קורו' שיוחסו למושאים מסוימים זוהו
ללא אפשרות הבדלה מהפריטים שהיו המושא של תהליך ה-אחד-לאחד ממנו הם צמחו. וכך,
למרות פריצת הדרך של מהלך המחשבה האנליטי להערכת כמויות, לא היה בידי תהליך ה-אחד-
לאחד לקדם את רעיון המספר

מסתבר, אם כן, שמושגי מספרים אינם יכולים להיבנות על ידי תהליכי ניתוח
יחידות בלבד

<u>3- 6   הדרך משם-תואר לשם-עצם</u>

לצורך חשיבה מתמטית, מספר חייב להיות מובן כמושג מוחלט וכללי שהוא מהות
מושגית עצמאית בזכות עצמה. מחקרים אטימולוגיים של תרבויות רבות מעידים על כך שהיו זמנים
שלאדם היה קושי להפריד בין מושגי מספר או רבים, ובין העצמים שמרכיבים אותם. לדוגמא
תושבי איי פיג'י, שהוזכרו בפרק הקודם, ציינו 10 אגוזי קוקוס במילה: 'קורו', אבל 10 סירות
במילה: 'בולה' מנינגר טוען שמילים אלו מצביעות על כך שבכמה תרבויות כמות מספרית ומהות
העצמים שהיא כוללת מתמזגים למושג משותף ולכן הן אינן ביטוי אמתי של מושג מספר.

מילות הכימות של תושבי איי פיג'י הן לא הדוגמא היחידה לנטייה הזאת. כמו
בהרבה שפות גם בעברית ישנן דוגמאות של אותה הנטייה. לדוגמה: בשביל להביע רעיונות של
רבים נאמר: להקת זאבים – אבל לא להקת כבשים, כמו כן, נאמר עדר כבשים אבל לא עדר זאבים.
בשביל להביע רעיונות של שניים, נאמר: צמד שוורים – אבל לא נאמר צמד נעליים, או נאמר: זוג
נעליים אבל לא זוג שוורים (בהשראת הדוגמאות של מנינגר).[1] מנינגר מוסיף שבכמה מקרים מושג
השניים נחווה כמהות שלמה שאינה ניתנת להפרדה ממושאה ולכן צורת היחיד נחשבת לחצי. הוא
מביא לדוגמא את המילים האיריות: לזוג עיניים – 'di-suil' , ולעין אחת: 'leth-suil' – חצי עין.[2]

ווילדר קורא למילות מספר שמוגבלות לעצמים מסוימים: 'ספרות-שם-תואר',[3]
מנינגר קורא להן: 'מספר-כתכונה' (number as attribute).[4] אולי הדוגמא המתמיהה ביותר של
שמות מספרים כתכונה או שם-תואר היא הספרות של שבט תסימשיאן (tsimshian) שבאלסקה
וצפון מערב קנדה. בשבט זה לכל מספרי הבסיס יש חמישה ולפעמים שבעה שמות שונים. השמות

68

נקבעים לפי הסוג או התיאור שלהם, וגם לפי התפקיד שהם ממלאים. למספר עשר, לדוגמא, יש שישה שמות שונים – 10 שמונה עצמים שטוחים נקרא: 'גייאפ', 10 שמונה עצמים עגולים נקרא: 'קיפל', וזה שמונה ארוכים, נקרא: 'קפינטוואם', 10 גברים נקרא: 'קפל', 10 סירות קנו נקרא: 'גייאפסק', 10 שמשמש למנייה נקרא עוד פעם: 'גייאפ', אבל 10 לצורך מדידה נקרא: 'קפאונט'. [5]

דנציג הבחין שבשפה האנגלית המילים שמבטאות רעיון של 'הרבה-כתכונה', או שם-תואר, למשל: עדר, להקה, או אשכול -- הן מילים מקומיות, בעוד שמילים בעלות תוכן כללי כגון: אגרגט, גוש, סכום או אוסף, שמבטאות אותו רעיון בדרך יותר מופשטת, מיובאות משפות זרות. [6] הבחנה זאת מרמזת שמילות 'הרבה' כשם-תואר או כתכונה, שרדו מזמנים קדומים ופרימיטיביים יותר. ווילדר מתייחס למילה הכוללת 'הרבה' כהתקדמות לקראת התפתחות של מושג מספר אמתי. הוא טוען שמילים כגון 'דואט', 'תאומים', 'עדר', 'אשכול', 'קורו' ו-'גייאפ', שמוגבלות לדבר-מה מסוים שאליהם הן מתייחסות, הפכו ל-"מבוי סתום, וגורמי - עיכוב" להתפתחותו של מושגי מספר אמתיים. [7]

יהיו אשר יהיו ההבדלים בין ניסוח הבחנותיהם נראה שדנציג, מנינגר ו-ווילדר אינם מתייחסים למספר כשם-תואר, כמושג מספר. במילותיו של מנינגר: "מספר כשם-תואר אינו מספר". [8] לדעתו "חותם העצם על מספר," היה המכשול שכלי שהאדם היה חייב להתגבר עליו כדי שיוכל לפתח מושג מספר שיהיה תואם לחשיבה המתמטית. [9] רק מושג מספרי מופשט ואוניברסלי — מושג עצמאי שאינו קשור לדבר מסוים ולכן יכול למנות כל דבר, יכול לשרת את החשיבה המתמטית.

מכוון שמספרים מובנים כתופעה תרבותית, השאלה המתבקשת היא: מה הייתה ההתפתחות התרבותית שעזרה להפרדת רעיונות מספריים מקבוצות העצמים שנימנו?

ווילדר סבר שמספרים לעולם לא היו נחשבים כמהויות כשלעצמן, או במילותיו: "כמילות עצם", ללא הופעת סמלי מספרים והשימוש בהם לזמן מה, למשל שימוש בסמל '2' או יותר סביר באידיאוגרמה: 'זן'" [10]. אחרי הכול, סמנים כמו '2' או 'זן' יכולים לייצג שתי סירות קנו באותה מידה שהם יכולים לייצג שני אגוזי קוקוס -- למעשה, את כל הדברים שסכומם הוא שניים. יתרה מזאת: לא רק שהסמנים '2', ו -'זן' משחררים את רעיון השניים מכבילתם לעצמים מסוימים — יש להם גם נוכחות עצמאית משלהם שאפשר להשיגה דרך החושים ולהצביע עליה. לספרות הכתובות או החרותות על משטחים שונים -- יש קיום פיסי משל עצמן והן אינן משויכות לדבר מלבד למושג שהן מייצגות.

לקיום הפיזי של הספרות יש חשיבות משום שהן מספקות תחליף לפריטי המנייה המוחשיים ובכך עוזרות לשחרר את הרעיונות המספריים ממושאי המנייה ולבסס אותם על יסודות מופשטים.

ה-הנחה של ווילדר מובילה למסקנה שלסמלים הוויזואליים הייתה תרומה משמעותית להתפתחות מושגיי המספר כישויות עצמאיות וכתוצאה מכך להתפתחות מושגיי מספר אמתיים. כמובן, שממש כמו השימוש במספרים -- השימוש בספרות כתובות, צמח מתוך צרכים תרבותיים.

ההבנה שמושגי מספרים הם ביסודם תופעה תרבותית ושהתפתחותם היא בעיקר תהליך חברתי, וכמו כן הבנת חשיבות תפקיד הסימול להתפתחות רעיונות מספריים, מחייבת בחינה מחודשת של המוסכמות לגבי תהליכי רכישת מושגיי מספר אצל ילדים

7

על רכישת מושגיי מספרים

<u>7 -1   המפגש עם הסמלים – תחילה:</u>

הדיון בנושא הקניית מושגי המספר ממוקד ברובו המכריע בפעילויות גומלין של ילדים עם סביבתם המוחשית – זיהוי מספר הפריטים בקבוצה, השוואת קבוצות פריטים זו לזו, ומנייה. למרות שאוצר מילות המספר שילדים יודעים וכיצד הם משתמשים בהן נחקר ביסודיות, מעט מאוד תשומת לב ניתנה לתרומתן של מילות המספר עצמן להקניית מושגיי מספר. נכון שבשביל השוואת גדלים בין שתי קבוצות עצמים אין בהכרח שימוש במילות מספרים, אבל במחקרים על פעילויות מנייה וזיהוי מספר הפריטים בקבוצה יש להן בלי ספק שימוש רב. אלא שברוב המחקרים הנ"ל, אם לא בכולם, מילות המספרים משמשות כאמצעי תיוג גרידא, והן עצמן ואף לא משמעותן המספרית נחשבות לגורם בעל ערך לתהליך רכישת מושגיי מספר. ההתרכזות בפעילויות הגומלין של ילדים עם סביבתם המוחשית נובעת מהאמונה שהתפתחות הידע האנושי מתחילה בתפיסה החושית של הסביבה הפיסית. בפרק זה אסביר מדוע דווקא מוסכמה זאת מעניקה משנה-תוקף למחשבה שסמליי המספר עצמם – בין אם הם מדוברים, כתובים או מצוינים בשפת הסימנים – הם נקודת ההתחלה והיסוד שממנו מתפתחים מושגיי מספרים.

נתחיל בעובדה שמספרים הם רעיונות מופשטים חסרי מאפיינים פיזיים שמאפשרים להכירם ולהבדילם זה מזה בעזרת החושים, בעוד לסמלים -- יהיו הם הספרות המדוברות, הכתובות, או תנועות שפת סימנים התואמים – יש ויש מאפיינים פיזיים שניתן להכירם בעזרת החושים. אפשר כמובן לטעון שניתן לייצג רעיונות מספריים באמצעות קבוצות עצמים שבדומה לגלי הקול של המילה המדוברת, הסימן הכתוב או המסומל בתנועות, יכולים להיקלט על ידי החושים. לדוגמא: שני תפוחים או שתי ג׳ירפות יכולים לייצג את המושג ׳שניים׳ משום שיש לעצמים אלו מאפיינים פיזיים. דא עקא, המידע החושי שהתפוחים או הג׳ירפות משדרים הוא ייחודי לגופם של עצמים אלה בלבד, לכן הם יכולים לשמש כדוגמא מוחשית רק למושג היחידה, אך לא

למושג הערך המספרי של קבוצת יחידות. מכוון שהמושג 'שניים' הוא רעיון שאין לו קיום פיזי בעולם החיצון – היכולת לזהותו במציאות תלויה בקיום המושג שניים בתודעתו של המתבונן.

נכון שסמלי מספרים הם שרירותיים ולצורתם או צלילם אין זיקה מהותית למושג המספרי אותו הם מייצגים, אבל לא כתפוח או ג׳ירפה – כל ספרה שייכת באופן ייחודי למספר מסוים ועל כן מזהה את המספר הזה באופן ייחודי. למשל צלילי המילה 'שלוש' שונים מצלילי המילה 'שניים' וכל אחת מהמילים ההן קשורה באופן בלעדי למספר הסגולי המדויק שאותו היא מייצגת. בדרך דומה, הספרות '2' ו'3' המזוהות ונבדלות זו מזו על בסיס המבנה החזותי הייחודי שלהן, מייצגות שני מספרים נבדלים זה מזה. ניראה, אם כן, שרק סמלי המספר – אלו המסומנים באמצעות כתב, דיבור, או תנועות – יכולים לספק את התכונות הפיסיות שמאפשרות זיהוי ספציפי של מספרים דרך החושים בלבד. סביר להניח אם כן שתינוקות מתוודעים לעצם הקיום של מספרים דרך הייצוג הסמלי שלהם, ורכישת המושגים שסמלים אלו מייצגים באה בעקבות ההיכרות הראשונית הזאת.

ההשערה שהתפתחות מושגיי מספרים מותנעת על ידי ההתוודעות של העולל לסמלים שמייצגים אותם אינה נשענת רק על הנימוקים ההגיוניים הנ״ל – יש לה גם תמיכה ממחקרים שמראים ש-לבני אנוש יש נטייה מולדת לחשיבה סמלית, ומשיכה מיוחדת לקליטת והפקת דיבור אנושי. מחקרים רבים מראים שתינוקות מגלים להיטות לקולות דיבור וקשובים להם במיוחד. מרגע הולדתם תינוקות מביעים עדיפות ברורה לצלילים של קולות אנושיים על פני כל הצלילים האחרים. תינוקות בני ארבעה חודשים מפסיקים לבכות כשאימהותיהם מדברות איתם ונשארים שקטים כל עוד היא ממשיכה בדיבורה.[1] בגיל זה התינוק מסוגל להפיק צלילי המיה, צוווחה ותרועה שאינן קולות בכי גרידא.[2] בגיל זה התינוק גם מתחיל לחפש את מקורות הדיבור, וכשמדברים ישירות אליו, הוא מגיב בבעיטות התרגשות או בקשב מרוכז. בנוסף הוא מפגין הנאה מהתפוקה המילולית של המטפל ועונה לו בתערובת של צלילי שיחה משלו. בגיל ארבע/חמש חודשים, מלמולי התינוק כבר מורכבים מהברות שדומות להברות של מלים.[3]

בשלב מוקדם זה של רכישת השפה, תינוקות יכולים לזהות כל הברה בכל השפות, לא רק בשפה המיוחדת לסביבתם הלשונית.[4] אך באופן הדרגתי הם מגלים העדפה של ההברות השייכות להווייתם המילולית ומתחילים לאבד את יכולתם להבחין בהברות של שפות זרות. ה-

"אבדה" הזאת כדאית שכן היא מאפשרת לתינוק לפתח את כישוריו להבחנת ההברות המיוחדות לשפת אימו בדיוק מפתיע ולהגשים זאת במהירות. באחד המחקרים בנושא זה התגלה שתינוקות בני עשרה חודשים שגדלו בסביבה דוברת אנגלית היו יכולים להבדיל בין צליל של למד וצליל של ריש ואפילו שיפרו יכולת זאת בעוד עמיתיהם היפנים שגדלו בסביבה דוברת יפנית בה אין הפרדה בין צלילי הלמד והריש – איבדו את היכולת להבדיל בין שני צלילים אלה.[5] אולי ה-היבט שובה-הלב ביותר בהתפתחות השפה של תינוקות, הוא שהתשוקה הגדולה להגיית דיבור-- קליטתם, והפקתם מתרחשת בתקופת התפתחות שבה אין להם צורך שימושי בדיבור, שכן בגילים אלו הפעוטות יכולים להביע את צרכיהם בבכי ובתנועות ולהיעזנות בדרך שמספקת להם תוצאות משביעות רצון.

האפשרות שתינוקות קולטים ומפיקים הברות של שפת אימם למרות שחלקי דיבור אלה הם חסרי ערך משמעותי או קיומי בשבילם, מעידה על כך שרכישת מבנה צלילי מילים ורכישת מושגים הם שני תהליכים מוחיים נפרדים שלא בהכרח תלויים זה בזה. ייתכן אם כך שלתהליכי חיבור בין מבנה צלילי של מילה ובין משמעותה, יכולים להיות שתי אפשרויות כיוונן: האחת -- חיבור בין רכישת מבנה או רצף צלילי שגור ובין מושג שכבר קיים, והשניה -- חיבור בין רכישת מושג חדש ובין מבנה או רצף צלילי שגור שכבר קיים ("אחת שתיים שלוש" לדוגמא). אכן ממצאים מניסויים מראים שלפחות בשלבים ראשוניים רכישת השפה מתנהלת בשני כיוונים, דהיינו ממושג לרכישת מבנה מילולי שגור, ולכיוון ההפוך. נמצא שחלק מהמילים שתינוקות בני שנה מפיקים הם המצאה לגמרי מקורית משלהם מבחינה זאת שהן אפילו לא דומות בקירוב למילים שגורות, אבל התינוק משתמש בהן באופן עקבי לציון חפץ מסוים[6], וגם שתינוקות מקשרים בין מילים שגורות ובין חפץ או פעולה מסוימת ומשתמשים במילים אלה בדרך המקובלת[7].

מכוון שניתן לתת ביטוי פיזי למושגיי מספרים רק באמצעות הסמלים החזותיים או השמיעתיים שלהם, ולא יתכן שמושגיי מספרים ייווצרו באופן עצמוני במוחם של תינוקות ללא גירוי סביבתי, רכישת מושגיי מספר צריכה להתחיל בזיהוי הסמלים ולהמשיך ברכישת תוכנם המושגי. סמלי מספרים, אפוא, הם 'נקודת ארכימדס' להתפתחות מושגי מספרים והמקום שממנו הם גדלים. אכן, ממחקרים עולה שכמות המספרים שילדים יכולים לזהות במדויק, למנות נכון ולזכור – קטנה מכמות מילות המספר שהם יכולים לזכור ולדקלם. יתרה מזו, יש עדויות לכך שילדים מיחסים ערך ליכולתם לדקלם מילות מספרים אפילו כשאינם מבינים באופן ברור את משמעותן.

לדוגמא, ווגנר ו-וולטר הבחינו שילדים נוטים לחזור על מנייה של קבוצות קטנות או
לחליפין למנות פריטים פעמים רבות עד מיצוי כל מילות המספר שהם יודעים. הם טבעו את המונח:
"סכמת מיצוי רשימה" לתיאור התופעה הזאת. [8]

הטענה של פוסון שהרבה משגיאות המנייה שילדים עושים נגרמות בגלל הפיתוי למנות
פריטים כמה פעמים כדי להשלים לעשר את מספר מילות המנייה, מצביעה על אותה מגמה. [9]
תופעת "מיצוי רשימה" שנצפתה על ידי חוקרים מראה באופן חד משמעי שמאגר מילות המספר
שילדים יכולים לדקלם גדול יותר מכמות המספרים שהם בקיאים בהם, וכמו כן ששמות מספרים
והרצף שלהם מעניינים את הילדים בזכות עצמם. אלו הם ראיות משכנעות שרכישת המבנה הצלילי
של מילות מספר קודמת לרכישת המושג אליו הן שייכות. אמת זו נכונה גם ביחס למקומן של
מילות המספר ברצף המנייה השגרתי שלהן.

ידיעת הסמלים שמייצגים מושגי מספר אינה מהווה בפני עצמה ידיעת המספרים
אליהם הם משויכים – הילד חייב עדיין להבין את המשמעות המספרית של סמלים אלה. אבל כדאי
לזכור שתפקידם כמבוא ובסיס להתפתחות מושגי מספר קושר את מושגיי המספר לייצוגם הסמלי
לצמיתות, והופך את הספרות ליסוד בלתי נפרד ממושגי המספר עצמם. מכאן, שבניגוד למוסכמות
המקובלות , סמלי מספרים, משולבים במושגי המספר מראשיתם, והם לא פרי ההתפתחות של
רכישתם.

לבסוף, בהתחשב בכך שתינוקות בזמננו נולדים לתוך תרבות שרגילה למושגי מספר
ורווייה בייצוגם הסמלי, סביר להניח שהעניין הרב שיש להם במילות מספר ופעולות המנייה הנלוות
אליהן, נובע מצרכי הסתגלות חברתית/תרבותית. התפתחות מושגי מספר של ילדים, חייבת , אם
כן, להיות מובנת כמאמץ הילד לחקור ולהבין את סביבתו התרבותית באמצעות משחקי חיקוי של
ביטויים מילוליים וההתנהגות המלווה להם. אכן מנקודת המבט של הילדים, הצורך להבין את
משמעות הסמלים שתופסים מקום כל כך חשוב בעולם המבוגרים שבחייהם, הוא ללא ספק הרבה
יותר דחוף מהצורך לכמת גדלים באופן מדויק ואובייקטיבי. רק צורך ההסתגלות לסביבה החברתית
יכול להסביר למה ילדים בני שנתיים ושלוש מעוניינים כל כך בנושא שהוא חסר תועלת לחלוטין
בשבילם.

מונחון:
7-1 נקודת ארכימדס : נקודת משען

7 - 2   תפקיד המנייה ברכישה ראשונית של מושגיי מספרים

הדעה הרווחת שילדים לומדים מספרים על ידי מנייה היא ארוכת ימים ומחקרים מחזקים את תחושת הלב הזאת. אך הדרך שבה פעילות מנייה עוזרת להבנת מספרים עדיין איננה ברורה. פרק זה בוחן מחקרים ותאוריות שעוסקים בקשר שבין מנייה ורכישת מושגי מספרים.

המחקר של ה. בקמן (1924) שעסק ביכולת מספרית של ילדים בגילי שנתיים עד שש, הוא אולי המחקר המדעי המוקדם ביותר שקושר בין יכולת ילדים לזיהוי הערך המספרי של קבוצות פריטים ובין יכולת המנייה שלהם. בקמן הבחינה במחקרה שיכולת הילדים לקבוע במדויק את מספר הפריטים בקבוצה היה תלוי ביכולתם למנות נכון את הפריטים של קבוצה זו. חוקר הפסיכולוגיה פיטר בריאנט (1974) סבור שהממצא של בקמן הוא ראיה משכנעת שזיהוי הערך המוחלט של מספר הפריטים בקבוצות קטנות איננו יכול להסתמך על חוש ראייה ישיר בלבד – הוא פסק ש- "מנייה קודמת לסביטציה ולא להפך". וויין הבחינה במחקרה מ-1992 שיכולת ילדים למנות במדויק קבוצות פריטים, קודם ליכולתם לאסוף בדייקנות את כמויות הפריטים שנדרשה מהם, [2] מחקרה גם מאשש את המסקנות של בקמן ובריין שמנייה קודמת להכרת מספר. אכן, כפי שצוין פה, בניסוי "אבחנת מספר וויזואלי" (1949) שבו קאופן וצוותו הראו שזמני התגובה של משתתפי המחקר גדלים כאשר מספר הנקודות שהוצגו בפניהם גדל, מצביע על כך שמה שאנו חווים כתפיסת מספר פריטים של קבוצות קטנות בהרף עין, זה בעצם תהליך של מנייה חבויה מהירה מאוד. אצל ילדים, משך זמני תגובה גדל אפילו יותר עם גודל הקבוצה. גלמן וגליסטל ציינו שבעוד מבוגר זקוק לתוספת של 46 אלפיות-שנייה לזהות שני פריטים לעומת פריט אחד – ילד גן בן 5 זקוק לתוספת של 120 אלפיות-שנייה, הווה אומר למעלה מ-כפליים. ההבדל בין שתיים ושלוש נקודות אפילו יותר דרמתי: בעוד שהעלייה בזמן התגובה של מבוגר נשאר 46 אלפיות-שנייה, זמן התגובה של ילדים קופץ לתוספת של 280 אלפיות-שנייה, הווה אומר למעלה מ-פי שש. [3]

אלא שבמובנה הפשטני, הסברה שמושג המספר מתפתח באמצעות מנייה – היא חסרת הגיון ויש גם ראיות המבוססות על מחקרים שמנייה לא מביאה בהכרח לזיהוי מספרים. ניגודי ההיגיון ברורים: כדי שמנייה תניב ידע על הערך המספרי של קבוצה – כל מילת מנייה חייבת להביע משמעות מספרית מסוימת – שכן היא עשויה להיות המילה האחרונה שמגדירה את הערך המספרי של כל הקבוצה. ללא משמעותן המספרית, מילות מספר אינן יכולת לעזור ליצירת

המושג הכללי של מספר הפריטים בקבוצה כפי שהמקלות ב-'קבוצות-העזר' של בן שבט ה-

וודא בתהליך האחד לאחד שתיארנו בפרק 1-2 אינן יכולות. כפי שברטרנד ראסל הבהיר: "איננו

יכולים לומר שמצאנו את מספר הפריטים שמנינו אלא אם כן אנו מקשרים את המילים אחת,

שתיים, שלוש לאיזו שהיא משמעות." [4] פרושה של אמת זאת היא שנוכחות מושגיי מספר היא תנאי

מוקדם למנייה משמעותית. שהרי לא הגיוני להניח שתהליך חשיבתי כלשהו מסוגל ליצור מושגים

שבלעדיהם הוא חסר משמעות. אכן, ממחקריו של פיאז'ה עולה שילדים העריכו שיש יותר פריטים

בקבוצה לאחר שהפריטים פוזרו על שטח גדול יותר מיד אחרי שהם מנו את אותם הפריטים. הוא

הסיק מכך שגם כשהילד יכול למנות הוא מעדיף להסתמך על התרשמותו הכללית על הקבוצה [5].

אם כן, גם הניסויים של פיאז'ה מעוררים ספק לגבי יכולת המנייה כשלעצמה ליצור מושגיי

מספרים.

דא עקא, יש להבדיל בין מנייה שמטרתה לקבוע את הערך המספרי של קבוצה

לבין מנייה-משחקית שהיא דרכם של ילדים להבין את סביבתם החברתית/תרבותית. המנייה

שמטרתה לקבוע ערך מספרי, כפי שראסל הבהיר, היא חסרת משמעות ללא ידע מוקדם של

מספרים. בהשוואה, מטרת המנייה המשחקית היא להבין את התנהגות המנייה והמילים השייכות לה

– שכן זאת התנהגות בה נתקלים ילדים יום יום. מה אם כן ילד בשלב של טרום-ידע-מספרי לומד

באמצעות פעילות המנייה, ואיך?

לדעתה של וויין, ילדים לומדים את משמעותן הכמותית של מילות המספרים על ידי מקומן

ברצף המנייה שלהן. [6] אולם אילו סברה זו הייתה נכונה, קוראי אנגלית היו משייכים לאותיות

האלפא-בית שלהם תוכן מספרי כדבר מובן מאליו – שהרי הם מורגלים משחר ילדותם לדקלם את

האותיות הללו לפי סדר קבוע. בתרבות האנגלית, כפי שידוע לנו, לא משתמשים באותיות האלפא-

בית לציין כמות מספרית. מסתבר שמקומן הסידורי הקבוע של אותיות לא מכיל מידע של ערכים

כמותיים. כלומר, אין די בסדר קבוע למילות מספרים כדי לשייך להן משמעות מספרית. השימוש

באותיות כספרות מתאפשר רק לאחר שינון של משמעות כמותית מסוימת לאותיות השונות

לאורך תקופה ממושכת, כפי שתולדות תרבות ישראל, בדומה לתולדות התרבות היוונית באותה

התקופה, מראים.

הסברים רבים של חוקרים בשאלת הקשר בין המנייה לרכישת מושגי מספרים,

מושפעים מחוות-דעתו של פיאז'ה שמספרים הם "כמותיים וסידוריים באופן בלתי נתיק." [7] לפי

התאוריה הזאת מושגיי מספרים מקודדים בעת ובעונה אחת את הכמותיות המסוימת של

יחידות וגם את מיקומן הסדרתי ברצף המנייה. בהתאם לכך, התהליך של היווצרות מושג-מספרי

כרוך במיזוג של ערך כמותי וערך סדרתי, או במילותיו של פיאז'ה: "התמזגות תהליכי כימות וסידור". [8] ברוח דומה פוסון מכנה את היכולת ליצור משמעות כמותית למילות המספר תוך כדי תהליך המנייה: "מנייה לשם שינוי לכמותיות". [9] כמו פיאז'ה, היא קובעת שדרגת ההבנה הרצויה מושגת כאשר יש "קושי להפריד" בין המשמעות הכמותית של מילות מספר ובין מיקומן ברצף המנייה שכן כן הן הופכות להיות: "רצף של מספריי יסוד". [10] סברתם של ווגנר ו-וולטר שמושגיי מספרים הם ביסודם מיזוג של ערכם הסידורי עם ערכם הכמותי – חוזרת על אותם הרעיונות. [11]

הבעיה בהסבר הזה היא שהערך הכמותי של מספרי היסוד הוא מוחלט וקבוע, ואילו מיקומם של המספרים הסידוריים הוא יחסי ומשתנה בהתאם לסוג הרצף שבו הם נמצאים. לדוגמה: אותו שלוש, שהוא הערך הכמותי של המספר השלישי ברצף מספריי המנייה -- הוא המספר השני ברצף המספרים האי זוגיים וגם ברצף המספרים הראשוניים, ואילו ברצף מכפלות השלוש, הוא הראשון. רק ברצף מספרי המנייה הערכים הכמותיים והסדרתיים של מספרים תואמים זה לזה.

ברצף מספריי המנייה, כמו בשאר הרצפים המיקום הסידורי של מספר נקבע לפי ערכו הכמותי שכן כדי להשיג את מטרת המנייה, 'שלוש' ממוקם אחרי 'שתיים' ולפני 'ארבע' כי סכומו גדול מקודמו ביחידה אחת, וקטן מעקבו ביחידה אחת. מכיוון שמיקום המספר הסידורי הוא פועל יוצא של מספר יסודי, היחסים בין מספר סידורי לבין מספר יסודי הם יחסיי סיבה ומסובב, או גורם ותוצאה. מאותו ה-הגיון שתוצאה לא יכולה לקבוע את גורם יצירתה – כך הסדר של מילות המנייה לא יכול לקבוע את משמעותן הכמותית. מכיוון שמושגיי המספרים לא נובעים מאיזה שהן השפעות הדדיות בין המשמעויות הכמותיות והסידוריות של מילות המנייה, הקשר של המנייה לרכישת מושגיי מספר אינו יכול להימצא במסגרת עצם ההוצא לפועל של המנייה. קשר זה חייב להתהוות בסיוע תהליך נוסף שקיים מחוץ לפעילות המנייה עצמה. כפי שראסל פסק מזמן: "[למנייה] אין משמעות אלא אם כן המספר אליו מגיעים הוא בעל משמעות משלו שאינה תלויה בתהליך אשר דרכו הושג." [12]

כדי להבין נכונה איך המנייה עוזרת לילדים בשלב של טרום-ידע-מספרי לרכוש מושגיי מספר, יש לזכור שכל מספר הוא מושג של כמות קבועה ומוגדרת של יחידות. פרוש הדבר שהתהוות מושג מספרי, כלשהוא, כרוכה בזיהוי כל היחידות שמרכיבות את המספר, ובאותה העת גם בזיהוי סכומן כישות מוכרת כשלעצמה. הואיל ויש להכיר ביחידות באופן נפרד לפני שניתן לצרפן יחד כדי לראותן כסכום מסוים, בניית מושג מספרי מתחילה בהכרה והפרדה של יחידות. הואיל ותהליך המנייה כרוך ביצירת מגע חזותי וחושי עם פריטים תוך הצבעה עליהם בזה אחר זה ברציפות -- המנייה היא כלי יעיל לזיהוי והפרדה ראשונית של היחידות. בנוסף לזיהוין,

ההצבעה גם עוזרת לבקר ולכוון את ההפרדה בין היחידות שכבר נימנו מאלו שעדיין לא נימנו. למילות המנייה עצמן יש חשיבות לגופו של תהליך המנייה וגם לדימוי שבה בעקבותיה.

שלא כמקלות נטולות הייחוד שבהם השתמשו בני שבט הוודא לבדיקת כמות אגוזי הקוקס בתהליך האחד לאחד, לכל מילת מספר יש מבנה צלילי משלה. השיוך של סמל מילולי שונה לכל פריט שנימנה מחזק את יכולתו של הילד להכיר כל יחידה כישות נפרדת וכן את יכולתו לנצור אותה בזיכרון ככזאת. מכיוון שלשם השגת דימוי מספר כוללני יש לשמור את היחידות המזוהות בזיכרון עבודה כדי להכילם יחד כסכום ייחודי, תרומתן של מילים שגורות ומתורגלות אלו משפר את הסבירות לאחיזתן של היחידות בטווח זיכרון עבודה. יתרה מזאת, מכיוון שתפקוד הסימול מגביר באופן משמעותי את יכולת המוח לשמור, לדלות, ולפתח מושגים [13] אותם הסמלים המוכרים ומתורגלים מחזקים גם את אחיזתם של מושגי המספר בשלמותם בטווח הזיכרון הארוך.

כשהיחידות מוודאות על ידי מגעיי ראייה ונגיעה בעוד כל אחת מהן מזוהה במילת מספר המיועדת לה, במיוחד כשהמילים מבוטאות בקול, הילד עוזר לעצמו לרשום את כולן בזיכרון לזמן הדרוש ליצירת דימוי מספרי. אכן לא די בהכרה ביחידות כדי להביא לידי יצירת מושג מספרי אפילו היא מבוצעת בזהירות מרבית -- תהליך המנייה חייב להסתיים בפעילות דימוי היחידות כסכום ייחודי.

מכיוון שפעילות דימוי מחשבתי נשענת על אותם המנגנונים החשיבתיים שמעורבים בתהליכיי מיזוג גירויים ויזואליים המעורבים בפעילות ראייה בפועל, [14] דימוי מספרים (כמו דימוי בדרך כלל) דורש ממערכת החשיבה להתנתק מגירויים חיצוניים.[15] כפי שנייסר מסביר, "לדמיין דבר מה ולהסתכל על דבר אחר, זה קשה ממש כמו להסתכל על שני דברים בעת ובעונה אחת". [16] דימוי, אם כן, צריך להיות תהליך נפרד מפעולת המנייה עצמה שכן פעילות המנייה דורשת תשומת לב לפריטים הנמנים שהם גירויים חיצוניים. כתהליך שהוא מנותק מפעולת המנייה כשלעצמה, דימוי סכומים מביא לקידום מהות עצמאית שהיא אמנם תוצאה של המנייה, אך אף על פי כן, היא נפרדת ממנה. משמע, הפעילות של דימוי הסכום של היחידות שנימנו מעניקה למילות המנייה את תוכנן הכמותי באמצעות תהליך שאינו חלק מהותי של פעילות המנייה עצמה — ובכך מגשימה את התנאי ההכרחי למנייה אמיתית — אליבא ד-ראסל.

הנחת היסוד שלתהליכים מרחביים/ראייתיים יש תפקיד בהמשגת מספרים עולה בד בבד עם מחקרי מדעני מוח של ימנו אשר בעזרת טכנולוגיות דימות חדישות מראים שאותם האזורים במוח שמייצגים ערכי כמות מספרית, מייצגים גם גדלים של תפיסה מרחבית בלתי אמצעית. [17] קרוב לוודאי שהנטייה השכיחה של ילדים בשלבים הראשוניים של רכישת מושגיי מספר להביע רעיונות מספריים באמצעות אצבעות במקום מילות מספר נובעת מכך שהצגת

78

האצבעות מאפשרת להם להישאר בתחום החשיבה המרחבית/ראייתית שבעזרתה התהווה המושג הראשוני והבסיסי של המספר. הבעת שם המספר, לעומת זאת, מאלצת אותם לוותר על דרך הפעולה שמותאמת למושג המרחבי/ראייתי ולהחליפה בדרך פעולה סדרתית-צלילית שבאמצעותה מילות מספרים מופקות. לכן אפשר להבין נטייה זו כראיה נוספת למעורבות של תהליכים מרחביים/ראייתיים בתהליך המשגת מספרים. ראוי לציין כאן שהאצבעות מספקות לילד גם משוב חושי למושגים המופשטים האלו, אשר בעת הזאת נמצאים עדיין בשלב הראשוני של התהוותם. ההרגל לבטא כמות מספרית באמצעות אצבעות הוא כל כך נפוץ אצל ילדי גן שבמחקרם של פוסון והל שבו ילדים היו צריכים לזהות את מספר הכוכבים על כרטיסים, החוקרות בקשו מהמשתתפים לבטא את המספר שהם רואים על ידי הצגת אצבעות. [18]

כדי להראות את המספר הנכון של אצבעות להדגמת המספר המבוקש, הילד צריך לשנות את תשומת ליבו מהפריטים שהוא מנה (כוכבים לדוגמא) ולהפנות אותה אל אצבעותיו לשם דימוי הסכום. הילד, אם כן, מונה פעמיים: בפעם הראשונה כשהוא מנה את הפריטים שהוצגו בפניו, ובפעם השנייה, כשהוא מונה את האצבעות שהציג בכוונתו לאשר את דימוי מושג המספר שזה עתה יצר. בהקשר זה האצבעות משמשות כייצוג חושי למושג מופשט של יחידות, בעוד הכוכבים נשארים להיות כוכבים, כלומר, מושא מנייה, ותו לא. כביטויים של מספרים, האצבעות ממלאות תפקיד דומה לזה של כתב ציורים, או ביטוי סמלי, של הכמותיות של קבוצת הפריטים עצמה. לכן פוסון והל צדקו בכך שהחשיבו את הצגת האצבעות כתחליף הולם למילות מספר.

השימוש בסמלים מראה על חשיבה מופשטת. אכן, המילים שבהן הילדים משתמשים למנות קבוצות שונות של עצמים שייכות לרשימה תקנית קבועה שאינה משתנה בהתאמה לפריטיי המנייה. עצם הבחירה להשתמש במילים מהרשימה הזאת (במקום לנקוב בשמות הפריטים עצמם), היא ראיה שהעצמים שנימנו לא מזוהים עוד לפי מהותם הגשמית, אלא כיחידות מופשטות השייכות ליישות שהיא מעבר להתנסות החושית של המנייה. השימוש בסמלי מספר לצורך מנייה משחרר את מושג היחידות המופשט מהמהוויות הגשמיות המסוימות שבזכותן הן נתפסות דרך החושים, ובכך הופכן לאבני יסוד לבנית מושגי מספר אמיתיים. דמוי מספר שמתבסס על יחידות מפשטות, משחרר את מושג המספר מכבילתו לדברים מסוימים ונותן לו משמעות אוניברסלית מופשטת.

מניתם המילולית של ילדים בשלב של טרום-ידע מספרי היא פעילות שכלית שמשתמשת בחשיבה סמלית, שעליה החשיבה המתמטית נשענת. ולכן ערך תהליך המנייה חשוב לא רק להתפתחות מושגי מספרים בסיסים אלא גם להתפתחות חשיבה מתמטית באופן כללי.

יתרה מזו, המאמץ שהילדים משקיעים בהתאמה סדרתית בין עצמים ובין מילות מספר לצורך מנייה היא התנהגות שיטתית, שקולה ומודעת, בהיותה כזאת, מניית הבוסר הזאת מקבעת את תהליך המשגת המספר במסגרת דפוסי החשיבה הנכונה -- דהיינו, מסגרת חשיבה הגיונית מודעת. אכן, מדעני המוח סוברים שתשומת לב מודעת היא המפתח לרכישת מיומנויות שכליות ומוטוריות. [19]

מונחון: 7- 2

מספר סידורי: מספר שמציין מקום ברצף מספרי. ברצף מספריי המנייה המספר: 2 הוא השני, ו-1 הוא הראשון. ברצף מספרים הזוגיים המספר: 2 הוא ראשון ו- 4 הוא השני.

מספר יסודי: מספר שמציין כמות יחידות.

מספר ראשוני: מספר שאפשר לפרקו רק לאחד ולעצמו (לדוגמא: 3, 5, ו- 7).

דימות: הפקת תמונות של איברים באמצעים אלקטרוניים, אקוסטיים, תרמיים ועוד.

משוב: feedback

זיכרון עבודה: הוא זיכרון לטווח קצר של שניות או דקות ספורות בהכרה המשמש למאגר ושימוש זמני של מידע.

7 -3 מגבלות המנייה כאמצעי בהוראת חשבון

המנייה מועילה להמשגת מספרים בכך שתהליכה מסמנים יחידות ומפקידים אותן בתודעה לצורך דימוי סכומן הכולל שבא בעקבותיה. תועלתה, אם כן, מוגבלת להמשגת מספרים בתחום הסביטציה -- לאמור, לקבוצות קטנות שניתן להכיל בשלמותן בצורה מפורטת. להמשגת מספרים גדולים יותר שאינם יכולים עוד להתבסס על ייצוג שכלי מפורט של סכום, יש צורך בתמיכת חשיבה סמלית/מושגית הנשענת על מספרים יותר קטנים שנרכשו כבר. לדוגמא: את המספר 7, שחורג מגבול הסביטציה, אפשר להכיל כשילוב של המספרים: 4 ו-3, או, 5 ו-2, שהם בתחום הסביטציה. משימה זאת אפשרית מכיוון שהצורות והצלילים של הסמלים שמייצגים מספרים, הם הגירויים החושיים שדרכם ילדים נפגשו לראשונה עם רעיונות המספרים, לכן, מושגיי מספרים בתחום הסביטציה מתגבשים מלכתחילה בצרוף ייצוגם הסמלי. הודות לכך, ילדים יכולים לבנות מושגיי מספרים בעזרת חשיבה סמלית, בשלבים הראשוניים והמוקדמים של רכישת המושגים המופשטים האלה. מספרים גדולים ממספרי הבסיס, לדוגמא: 12, 32, או 432 – לאמור מספרים שכוללים יחידות עשרוניות – יוצרים מבנים מורכבים יותר וגם רמות שונות של הפשטת היחידות העשרונית.

מושג מספר בר-תוקף, הוא מספר שאפשר לפרקו באופן שכלי לחלקיו ולבנותו מחדש.

משימה זאת כרוכה בפעילות חשיבה סמלית/ מופשטת ומופנמת. התהליכים השכליים הפנימיים

שמאפשרים חשיבה מושגית ודימויים פנימיים הם אותם התהליכים שמאפשרים ראייה רגילה.[1]

המנייה שעוסקת בטיפול בפריטים מוחשים בעולם החיצון, מפריעה לפעילות השכלית עליה נשענת

המשגת מספרים משום שהיא תופסת את מקומה של החשיבה המופנמת, שנדרשת למשימה זו .

עדיף ללמד על יחסיי מספרים באופן שכלי, דרך פעולות חשבוניות הבונות על היכולת

להתייחס למספרים בשלמותם, לפרק ולהרכיב אותם מחדש, לפי צורך הפעולה החשבונית.

לדוגמא, פעולת החיבור: 7+5 בונה על פרוק 5 ל- 2+3 וחיבור ה-3 ל-7 כדי להשלים ליחידה

העשרונית -10, כך: 7+5 = (2+3) + 7 = 2+ (3+7) = 2+10 = 12

גם אספקט זמן הפעולה הוא גורם שיש להתחשב בו, שכן, התפתחות המיומנות ורמת

המורכבות של יחסים מספריים שניתן ליצור ולהבין, תלויה בכמות הפעולות החשבוניות שאפשר

להכיל בטווח זיכרון העבודה. התייחסות למספרים בשלמותם וגם לפירוקם למטרות חישוב באופן

שכלי וללא אמצעי עזר חיצוניים עוזרת ---להגברת המהירות שבה פעולות אלה מבוצעות. מכיוון

שמנייה מחליפה את התהליכים השכליים המידיים והמהירים של חשיבה סמלית/מושגית בתהליכי

האחד-לאחד הסדרתיים והמוחשיים שמתמשכים לאורך זמן. זאת משום שהיא מקשה על הילד

לטעון בטווח זיכרון עבודה, המוגבל מטבעו, כמות מספיקה של פעולות חשבוניות שדרושות

ליצירת יחסיי מספרים גדולים ומורכבים יותר. בנוסף לכך, העיסוק בפריטים מוחשיים בזמן

המנייה מפנה את תשומת ליבם לכיוון מידע חיצוני במקום לחשיבה סמלית/מושגית שהיא פנימית

מטבעה.

ציפורה כץ, טוענת כי הניסיון מראה שילדים שמשתמשים במנייה לפעולות חיבור

וחיסור נתקלים בקשיים כשהם נדרשים לפתור בעיות מתקדמות יותר.[2] מניסיוני האישי, ברצוני

להוסיף שקשיים אלה גורמים להם רגשי מבוכה, עצב, וחוסר אונים. לדאבון הלב, ההשפעה

השלילית של שימוש מוגזם במנייה ועוזרים מוחשיים למיניהם בהוראת חשבון בסיסי, מורגשת רק

כאשר הילדים מתקדמים לשלבים גבוהים יותר בלימודי החשבון. למרבה הצער, בעת הזאת, הילד

לא צריך להתמודד רק עם המשימה הלימודית אלא גם עם הרגלים מכשילים.

בהקשר לכך ראוי להזכיר שהשוויתור על חשיבה מושגית מופשטת משפיע גם על

המשך לימודי המתמטיקה. בחשבון, כמו במתמטיקה באופן כללי, מושגים פשוטים ויסודיים

משמשים כחומר גלם ומשען להכללה, הפשטה לשם פיתוח מושגים מתקדמים יותר. מנייה כאמצעי

להשיג תוצאות של בעיות חשבוניות עוקפת את יישום רשת מושגיי המספר הקיימים ובכך מקשה על יצירת מושגים חשבוניים שהתפתחותם תלויה בשימוש המאגר הקיים של מושגיי מספר.

מנייה לצורך למידת מספרים מביאה תועלת כל עוד היא מיושמת כאמצעי להכרות עם מילות המספרים והרצף שלהם, מושג היחידה, עיקרון התאמת האחד-לאחד, והמשגת מספרים בתחומיי הסביטציה. לבקש או לעודד ילדים להמשיך למנות לאחר שהשיגו את השלב ה-התפתחותי שבו מנייה מועילה ושייכת לרכישת מושגיי מספר, היא חסרת תועלת ובזבוז זמן, ואולי הכי חשוב, מנייה לצורך מציאת פתרון לבעיות חשבון מונעת מילדים את ההזדמנות לעסוק בחשיבה מתמטית אמיתית ובונה.

7-4   שלבים ראשונים בהתפתחות מושגיי מספר

"אחת, שתיים, שלוש, הרבה," כך כינתה אליס דסקודרס (1877-1963), מחלוצות החינוך המיוחד, את התופעה הידועה שהבקיאות במושגיי מספר אצל ילדים בגיל הרך מוגבלת למספרים בתחום שלוש עד ארבע.[1]

תופעה זאת, בצרוף נטיית ילדים בגילים האלה, להשתמש בהתרשמות כוללת שקובעת גודל קבוצה לפי גודל המקום שהיא תופסת במרחב, נחשבת על ידי פסיכולוגים רבים כראיה לכך שלילדים בגיל הרך אין בגרות תבונתית שנדרשת להבנת מהות המספר.

אלפרד בינט שהיה מהחוקרים הראשונים של ההתפתחות השכלית של ילדים הפריד בין שני תחומיי פעילות שכלית. לאחד קרא: *תפיסה חושית*, ולשני קרא: *המשגה*. בתפיסה חושית הוא כלל חוש לצבע ולאורך, ואילו בהמשגה הוא כלל זיכרון, הגיון ויכולת הפשטה. על אף "תדהמתו" מהשוני הניכר בין יכולת הילדים להעריך אורך קווים ויכולתם להעריך גודל מספרי של קבוצה, הוא קבע שתפיסת המספר שייכת לתחום התפיסות החושיות, ממש כמו אורך או צבע. לכן בסדרת ניסויים אותם הוא פרסם בשנת 1890 בכתב עט מדעי, כלל את ניסוייו בנושא תפיסת המספר יחד עם ניסוייו בנושא התפיסות החושיות כגון צבע ואורך.[2]

50 שנה אחרי שבינט פרסם את ניסוייו, ג'ין פיאז'ה -- הידוע ביותר מבין החוקרים בהתפתחות החשיבה, הוציא לאור את ספרו על התפתחות המספר אצל ילדים. פיאז'ה הסביר שהבנת מהות המספר חייבת להתבסס על מיזוג של "הגיון מיוני", ו-"הגיון סידורי". בהתאם למשנתו, ילדים יכולים להגיע ליכולת מימוש של מיזוג מסוג זה רק כשהם מגיעים לשלב ההתפתחות הקוגניטיבית שקרא לה: "שלב תפעולי" (בגיל 7 או 8). במונח: "שלב תפעולי" פיאז'ה

מתכוון לשלב בו ילדים מתחילים להפעיל את מחשבתם באופן מופשט שמאפשר חשיבה הגיונית. שלא כילדים שכבר הגיעו ל־"שלב תפעולי", הוא הסביר, יכולת הפעוטות לזהות מספרים בגבולות 4 או 5 אינה אלא הפקה של תדמית או תבנית קבועה של קבוצות ותו לא, כלומר, אין זו הכרה אמתית של מספרים. [3]

28 שנה אחרי פיאז'ה, גלמן וגליסטל העלו בדרגה את הדרישות השכליות לרכישת מושגי מספר. הם הציעו שהההבנה האמתית של מספרים מתחילה רק כאשר "מערכת החשיבה של ילדים משתחררת מתלותה בייצוג מסוים, ועוברת לשלב אלגברי אשר בו ייצוג קבוצה באופן מפורט אינו נחוץ עוד". [4]

על פי ההשקפות הללו, הבנת מספר אמתית דורשת אחת מהשתיים: או הפעלה בו זמנית של שני סוגיי הגיון, או חשיבה אלגברית (כלומר, חשיבה מתמטית מתקדמת). מסתבר מכך, שהבנת מספרים מתפתחת רק בגילים יותר מאוחרים בילדות – בגיל 7 אצל פיאז'ה, ובסביבת גיל 14 אצל גלמן וגליסטל.

כיוון שמבחינת החשיבה המתמטית, כל מספר ומספר הוא מושג גודל ייחודי שמוגדר, ומדומיין ככמות קבועה של יחידות – כל מספר, ויהיה גודלו אשר יהיה – מגלם את יסודות מושגיי המספר ומהותם המופשטת. משמע, אפילו מיומנות של המספרים הקטנים ביותר ממלאת את הדרישות הקוגניטיביות להבנת מספר אמתית. אם כן, הבה נפרד מהתאוריות ונחזור לעובדות, להבחנות, ולניסויים.

נתחיל באחד ממחקריו של בינט. מחקר זה עסק בזייהוי מוחלט של מספרים בתחום החמש. הוא הסביר שמחקר זה שונה מהמחקרים ההשוואתיים שעשה, בכך שכדי לענות נכון בניסוי זה "הילד צריך להפעיל את הזיכרון", במקום להשוות בין שתי קבוצות עצמים, כפי שהיה עליו לעשות במחקרים הקודמים. כלומר, כאן לא מדובר בתפיסה חושית גרידה אלה בתפיסה שמעורבת בה גם המשגה. ניסוי זה הביא את בינט למסקנה ש־"אין מעבר הדרגתי בין מספרים שהאינטלקט הקטן הזה מסוגל לשמר", זאת משום שהוא הבחין שברגע שבתו בת הארבע וחצי יכלה "לזכור" את המספר שלוש, היא לא עשתה שגיאות משמעותיות בתחום מספר זה -- "הוסף יחידה אחת והכל משתנה." הוא סיכם. [5]

בדומה לבינט, גלמן גילתה שילדים מסוגלים: "להשתמש בתהליכים חשיבתיים ברמת תחכום מפתיעה" כשהם עוסקים בכמויות שעבורם כבר ביססו מושג מספרי בר קיימא. מחקריה הראו שכשילדים עוסקים בקבוצות גודל של מושגיי מספרים שהם כבר רכשו, הם

מתעלמים לחלוטין מכל מידע חושי כגון: אורך השורה של הפריטים, גודל השטח שהם תופסים, צפיפותם, זהותם וכ"ו, בעצם מכל תכונה שאין לה שייכות לגודל המספרי של הקבוצה.[6]

בספרה: "ילדים מונים ומושגיי מספר" (1988), קרן. ס. פוסון סקרה בדקדקנות רבה שפע מחקרים, כולל המחקרים שלה בנושא זה. בסיכום ספרה היא כתבה: "המאפיין הכי בולט במידע שנסקר על מנייה ומושגיי מספרים אצל ילדים בספרי, זה באמת הרמה המדהימה של המומחיות שילדים הצעירים מגלים".[7]   סיכומה מאשש את מסקנותיה של גלמן ושותפה.

נראה, אם כן, שהמחקרים מסוף המאה ה-19 עד סוף המאה ה- 20 מגבים את הטענה שמוגבלות בקיאות למספרים קטנים, אינה מבטלת את אמיתות מיומנות המספר של פעוטות.

עניין נוסף שיש להתחשב בו הוא שרמות התחכום וההפשטה הנחוצות להמשגת מספר נקבעות על ידי כמות היחידות שהמספר מכיל, ושרמות אלה עולות בהתאמה לעליית גודל המספרית כמפורט כהלן:

א. למושגיי מספרים בתחום הבסיס לא נידרשת הבנה *של שיטת-הבסיס*, אפילו לא הבנת המספר 10 כהפשטה של היחידה 1. נוסף לכך, גם בתחום מספרי הבסיס עצמם יש שוני בין מספרים שניתנים לסביטציה לבין אלו שבגלל גודלם אינם ניתנים עוד לסביטציה. את הראשונים אפשר לדמיין, פחות או יותר בפירוט, בשעה שבשביל השגת האחרונים יש צורך להשתמש בתהליכים מושגיים/סמליים כדי להבינם, משום שהם נבנים באמצעות צרוף מושגיי מספרים קטנים יותר.

ב. החל מ-10 ואילך יש צורך ביכולת להתייחס לסכומים מוסכמים כיחידות תקניות. במסגרת בסיס העשר, הן נקראות "יחידות עשרוניות": 1, 10, 100, וכן הלאה. לכל אחת מהיחידות העשרוניות הנ"ל נדרשת רמת הפשטה שונה: ליחידה 10-- הפשטה ברמה ראשונה של היחידה -- 1. וליחידה 100 -- שהיא הפשטה של 10, הפשטה ברמה שניה של היחידה --1.

ג. יש ומספר אחד כולל יחידות עשרוניות ברמות הפשטה שונות, ושלכל אחת מהיחידות האלה יש סכומים שונים, כך שמספר זה יכול לכלול כמה מושגיי מספריי בסיס וכמה רמות הפשטה של יחידות עשרוניות. קחו לדוגמא את המספר: 764, הילד צריך להתמודד בהצלחה עם שלוש רמות הפשטה שונות של היחידות העשרוניות (1, 10, ו- 100) ועם שלושה מספרי בסיס שונים (4, 6, ו- 7).

ד. בסביבות מספריי המיליון ומעלה, לא די בהבנת מנגנון בסיס העשר. בשלב זה יש כבר צורך להבין את קצב הגידול המהיר והמסחרר של טורים-גאומטריים עצמם, כדי להעריך נכונה את גודלן של היחידות העשרוניות הבונות אותם.

לאור כל זאת, לא נראה סביר שהתפתחות מושגיי המספר תלויה באיזו שהיא הארה חד
פעמית שבעקבותיה כל מושגיי המספרים באשר הם מושגים אחת ולתמיד, או שהתפתחות זאת
נשענת על מערכת קבועה של יחסי הגיון, או רמה מסוימת של יכולת הפשטה. התאוריות השונות
שהוזכרו לעיל, לא רק מתעלמות מדרגות ההפשטה הרבות והמרכבים הרבים שיש בשלל הגדלים
השונים של מספרים, אלא גם מההתפתחות השכלית הכללית של ילדים, הידע, והניסיון הלימודי
שהם מביאים איתם למשימות הלימודיות שלפניהם.

אכן, לחלק מהמגבלות המתוארות על ידי מומחים כראיות לכך שלילדים אין הבנה אמתית
של מושגיי מספרים, יש סיבות הקשורות לסוגיות אחרות בהתפתחותם השכלית. למשל, יכולת
זיכרון העבודה שמעורב בדימוי מספרים, כולל מספרים בתחום הסביטציה (ראה פרקים: 7 ,2- ו-
3). ידוע לנו שאצל ילדים בגיל הרך היכולת הזאת נמצאת עדיין בשלבי התפתחות. מסיבה זאת,
גבולות המיומנות המספרית של ילדים חייבים להישקל, בנוסף לשאר הגורמים שכבר הוזכרו כאן,
כביטוי של היכולת המילוליות ויכולת זיכרון העבודה שלהם – ולא כעדות לאי בשלות שכלית
להבנת רעיון המספר כשלעצמו, או מחסור שכלי, זה או אחר.

בקרב מומחי התפתחות החשיבה של ילדים יש רבים שמפקפקים באפשרות
שתפיסת מספריי המנייה כמושגים אוניברסליים ומופשטים היא רכישה ראשונית בהתפתחות
המספר. זאת, משום שפרוש רעיון זה הוא שלפעוטות בני שנתיים או שלוש יש יכולת ליצור
מושגים מופשטים – בשעה שמן המוסכמות המקובלות בחוגים פדגוגיים, שיכולת הפשטה היא שלב
מאוחר יותר בהתפתחות חשיבתם של ילדים. יתרה מזאת, הנטייה השכיחה לתפוס מספרים קטנים
כאילו היו תופעה גשמית שקיימת בפני עצמה בעולם החיצון, ממילא מבטלת את הצורך
בחשיבה מופשטת להבנתם.

אלא שהעובדות שעבור פעוטות בני שנתיים, או שלוש, מושגיי מספרים הם רעיונות
מופשטים של גודל שמוגדר ומדומיין על ידי כמות סגולית וקבועה של יחידות, מתבטאת באופן
שאינו ניתן להכחשה בכל דבר שילדים בגילים אלה אומרים ועושים –ואם תרצו – גם בדברים
שהם לא אומרים ולא עושים, כל אימת שהם עוסקים במשימות מנייה.

הבה נתחיל במודעות ילדים שמספרים הם רעיונות של גודל: שוב היה זה אלפרד בינט
שבמחקריו החלוציים בנושא תפיסת מספרים, היה הראשון לגלות שמודעות זאת קיימת בגילים
רכים. בינט ביקש משתי בנותיו -- בת השנתיים וחצי ובת הארבע – להשוות בין שתי שורות של
חרוזים. בשורה אחת היו חרוזים גדולים יותר מאלו שהרכיבו את השורה האחרת. לפי כך היא
הייתה ארוכה מהשורה האחרת למרות שהכילה פחות חרוזים. בנותיו נטו להעריך את כמות

החרוזים שיצרו שורה ארוכה יותר, כגדולה מזאת שבעצם הכילה כמות רבה יותר של חרוזים, אך יצרה שורה קצרה ממנה. מחקרים אלה הביאו את בינט למסקנה שילדים מתייחסים לגודל המקום שקבוצות יחידות תופסת כאמת מידה לגודל מספר.

מחקרים רבים שנעשו מאוחר יותר גיבו את גילויו של בינט: כשילדים עוסקים בקבוצות שביחס אליהן עדיין לא קיים אצלם מושג מספרי, הם נוטים להעריך כמות זהה של יחידות שמפוזרת על פני שטח גדול יותר, או יוצרות שורה ארוכה יותר כאילו היו בה מספר יחידיות רבות יותר. העובדה שילדים עוברים להשתמש באמת מידה של הערכת גודל מרחבי במקום באמת מידה של גודל מספרי, כאשר הם חסרים עדיין מושג מספרי מקביל, משמשת ראיה חד משמעית שילדים מבינים שמספרים מייצגים רעיונות גודל.

אולם בינט שהיה ראשון החוקרים שזייהה את התופעה שלעתים ילדים מתייחסים לגודל המקום שקבוצת יחידות תופסת במרחב כאילו היה גודל מספרי, היה גם זה שמיהר להכיר בכך שלמרות שהילדה (בתו בת ה-4) עשתה את הטעות הזאת, המילים שבהן השתמשה העידו על כך שהיא התייחסה לקבוצת פריטים – ולא לפריט יחיד: "הנה, שם יש יותר מהם", הוא ציטט אותה. [8] כלומר, גם אם בתו השתמשה בקריטריון של תפיסה חושית מרחבית, היא הבינה שהשאלה לא הייתה: "מה הגודל", אלא: "כמה יחידות".

בדומה לבינט, רחל גלמן במהלך מחקריה הרבים בנושא, שמה לב שכל אימת שילדים התבקשו להשוות גודלן של קבוצות פריטים זו לזו, הם השתמשו באופן ספונטאני במניית הפריטים בקבוצות ההשוואה. בזאת, הכירה גם היא שילדים מודעים לכך שגדלים מספריים מבוססים על כמות היחידות הכלולות בהם ולא על גודלן הפיזי של הקבוצות. היא ציינה שאפילו בניי שנתיים וחצי העדיפו לבסס את שיפוטם על מנייה במקום על תפיסה חושית ישירה דרך השוואת הקבוצות. [9]

לאמיתו של דבר, ככל שהילדים היו צעירים יותר, המנייה שלהם הייתה יותר מודגשת, איטית וקפדנית. לדוגמא, הצעירים נטו יותר מעמיתיהם הבוגרים ליצור קשר עין ולהצביע על הפריט אותו הם מנו, בעת ובעונה אחת עם השמעת מילת המספר המתאימה בקול, בשעה שמנייה סמנייה הייתה יותר שכיחה אצל הילדים הבוגרים. [10]

הראיות שילדים בשלבים מוקדמים של רכישת מושגי מספרים נשענים ביתר שאת על מנייה פיזית וקפדנית במשימות של הערכות גודל מספרי מעמיתיהם הבוגרים, (אפילו כשקיימת אפשרות של השוואה חושית) מצביעה על כך שילדים בשלבים מוקדמים תלויים ביתר שאת על תהליכים מודעים ומבוקרים להערכות גדל מספרי של קבוצות.

גם מחקרים מאוחרים יותר מראים שילדים מקשרים את מלות המספרים לפעילות מנייה, וכשהם מונים, אפילו בני שנתיים מקפידים לשים לב לזיהוי יחידות על ידי השמעת מילת מספר בקול בזמן שהם מצביעים לעבר ו/או נוגעים בכל פריט שהם מונים. התנהגות זאת מעידה, בין השאר, שהם מבינים גם את עקרון האחד-לאחד של מנייה. כמו כן הם לומדים בשלבים מוקדמים של מנייה, שהמילים בהן הם משתמשים מתייחסות לקבוצות מסוימות של סכומי יחידות, כפי שקרן ווין הסיקה במחקרייה. [11]

יתרה מזו, בני השלוש ורוב בני השנתיים משתמשים ברצף הקבוע של מילות מספר המקובל בשפתם לצורך מנייה של כל הקבוצות השונות שהם התבקשו למנות, גם כשהם מונים סתם להנאתם. [12] נכונות הילדים לחזור על אותה סדרת מילים קבועה כדי למנות כל קבוצה באשר היא ללא כל התחשבות בזהות מרכיביה, היא הסימן המובהק ביותר לכך שהילדים מבינים שלמשמעות מילות המנייה אין שייכות לפריטים הספציפיים אליהם הן שויכו, אלא לאיזה שהיא ישות מפשטת מעבר לפעילות המנייה. וכל זאת למרות שהשמיעו מלים אלה בקול במהלך המנייה ואף הצביעו או נגעו בעצמים שהם מנו. [13] עצם גישת הילדים בגילים אלה למילות המנייה, כולל אלו שאת משמעותן הם עדיין לא רכשו, מספקת עדות משכנעת לכך שהם מבינים שלמושגיי מספר על יחידותיהם יש מהות מופשטת.

אכן, ווין טוענת שאין שלב בהתפתחות מושגיי מספר שבו ילדים חושבים שהמילים בהן השתמשו במנייה מתייחסות באופן ייחודי לפריטים שמנו. גם גלמן שמה לב שבמקרים הבודדים שילדים לא השתמשו במילות מספר מקובלות למנייה, המילים שהם בחרו להשתמש בהן לא היו קשורות לזהות הפריט שהם מנו (לדוגמא: צפרדע), או לדבר שמאפיין אותו פריט (לדוגמא: ירוק). ניתן לגזור ממצאים אלה שילדים תופסים מספרים והיחידות שבונות אותם באופן מופשט. [14]

מכל זאת משתמע, שכבר מתחילת תהליכיי רכישת מושגיי מספר, רעיונות המספרים שילדים כבר רכשו, הם אמיתיים, מופשטים, ונשענים על בסיס תבונתי/ הגיוני, אף כי רק במסגרת של מספרים קטנים. כמו כן התפתחות מושגיי המספר אינה נובעת מהבנת מספרים שגוייה שצומחת לכיוון הבנה מופשטת ונכונה יותר, אלא מהבנת מספרים קטנים ופחות מאתגרים מבחינה שכלית שצומחת לכיוון הבנת מספרים גדולים ומאתגרים יותר.

+++

ניתן להבין מניתוח מיומנויות החשיבה הנדרשות לרכישת מושגיי מספר שתוארו בחיבור זה, ומהמידע האמפירי שמספקים המחקרים שהוזכרו כאן, שהההבנה שמספרים הם מהות מופשטת של גודל המוגדר על ידי כמות סגולית של יחידות, היא הצעד הראשוני והיסודי בהתפתחות מושגיי מספר – ולא בהכרח הצעד שמהווה את האתגר הגדול ביותר מבין הצעדים הרבים של התהליך שעשוי להתמשך אל תוך הבגרות.

לאחר שצעד ראשוני זה הושלם, מושא התפתחות מושגיי מספר הוא בניית מושגיי מספרים הולכים וגדלים, פיתוח מיומנויות בשימוש המעשי והתאורטי שלהם, בהתאם להתפתחותו השכלית וניסיונותיו החינוכיים של הילד. בשלב זה, ללימודי חשבון סדירים במסגרת זו או אחרת, יש תרומה מכרעת לקידום ידע מספרים.

מונחון 7‏- 4:

הגיון מיוני: בתורתו של פיאז'ה: הקבצה לפי תכונות מסוימות .

הגיון סידורי: בתורתו של פיאז'ה: זיהוי דבר מה לפי מיקומו בסדרה מסוימת.

הערות שוליים

<u>מהות המספר</u> 1

1-1 -המספר כרעיון גודל
1-2-שלושת האמצעים לאימוד גודל

1- Kasner and Newman, 1989, p 3591
2- Menninger, 1992, p.33
3- Galton's 1889 "Narrative of an Explorer in Tropical South Africa,"
(Cited in Menninger, 1992, p. 34, and Claudia Zaslavsky, 1999, p. 32)

<u>יישום המספר</u> 2

2.-1 הערכה מספרית של גדלים מוחשיים
2-2 חישוב

1- Gamow, 1960, p. 17-19
2 -Wilder, 1968, p. 6

<u>ראיית מספרים</u> 3

3- 1   הבחנת המספר

1 Neisser, 1976, p. 71
2 Edelman, 1989, p. 49
3 Edelman, 1989, p.155
4 Edelman, 1989,p. 105 (emphasis mine)
5 Neisser, 1976, p. 9
6 Menninger, 1992, Dantzig, 1954, Wilder, 1968
7 Descoeudres, A. 1921 (Cited in Bryant, 1974, p.119)

3- 2   תעתועי מספרים

1 Yaseen, 1999, p.7
2 Wilder, 1968, intro. p. 8
3 Wilder, 1968, p. 2
4 Wilder, 1968, 150
5 Russell, 1914, p.191

3-3 סביטציה: זיהוי מספר בהרף עין ללא מנייה

1 Neisser, 1973, p. 209; 1976, p.128, 146-7; 1967, p. 153
2 Jevons, 1871, p. 281- 282
3 Taves, Ernest Henry (1941) "Two Mechanisms for the Perception of Visual
Numerousness," Archives of Psychology, No. 265, 4-47
4 Kaufman et al., 1949, p. 520
5 Saltzman and Garner, 24, 1948, p. 227- 241
6 Miller, 1956, p. 81-97
7 Sperling, 1960, p. 20
8 Sperling, 1960, p. 27
9 Sperling, 1960, p. 26
10 Neisser, 1967, p. 103
11 Neisser, 1967, p. 103
12 Chi and Klahr, 1975 (Cited in Gelman and Gallistel, 1978, p. 223)
13 MacKay, 1968 (Cited in Menyuk, 1971, p. 99)
14 Dehaene and Cohen, 1994, p. 958-975

3- 4 אומדן

1   Though, randomly fluctuated, it remained more or less around 1.50 seconds. For instance, the response time for estimating 210 dots at 1.54 seconds, was virtually the same as for estimating 13 dots—also 1.54 seconds (in the part of the experiment that emphasized speed).

2   The exact percentage is 58.7%

3   Krueger, L. E. 1972 has shown that adult subjects, just as the children in Binet's and Piaget's experiments, perceived the same number of dots as more numerous when the dots were spread over a larger area (see chapters, VII-1, VII-2, and VII-3). And Norman Ginsburg 1976 and Christopher D. Frith and Uta Frith 1972 demonstrated that a given quantity of dots distributed evenly over a fixed area is perceived as more numerous than the same quantity of dots randomly distributed over that same area.

4   To be specific, in Kaufman's experiment, in a scale of 5 to 1 the degree of certainty was very close to the absolute 5 for numbers within the subitation span, but there was considerable erosion in certainty, starting already in number 10—where it went all the way down to 'not certain' (2.85 median points) when subjects were instructed to put emphasis on speed. At the fields of 103 dots the degree of certainty was practically at the 'absolutely uncertain' level (1.40 mean points in speed). At 210 dots confidence was virtually at the lowest level possible (1.08 median points speed).

4   <u>המשגת מספרים וסימולם</u>

4- 1 ניגודי מגמות בהמשגת מספרים

1   Neisser, 1967, p. 153; 1968, p. 128; 1976, 146-7, 209

2   Neisser, 1967, p. 97

4-2   עקרון כללי של רצף מושגיי מספרים וסימולם

1   Edelman, 1998, p. 92-3

2   Edelman, 1998, p. 146-8, Deacon, 1997, p. 265

3   Interestingly, while the 'sum' concepts are readily recognized as 'base numbers,' the 'unit' concepts have no agreed-upon term; they have alternately been called 'level,' 'step,' 'degree,' ' rank,' 'denomination,' 'order,' 'class,' 'unit,' and, in the particular case of the base ten system, 'decimal unit.'

4   Ore, 1948, p. 2

5   Menninger, 1992, p. 14-5, & 28

6   Thomson, 1872, p. 11

7   Dantzig, 1954, p. 16

8   Gulberg, 19978 Gullberg, 1997, p. 27, Ore, 1948, p. 3, Menninger, 1992, p. 47, 132, Hundred derives from the old English 'hund.' Thousand is akin to the Old Norse, thushund, that is, great hundred. The prefix, 'thus' denoting great is of the same origin as in 'thumb,' literally the strong finger.

3-4   הבנת מושגיי 'סכומים', לעומת הבנת מושגיי 'יחידות'.

1   First Samuel 18:8, attributed to King Saul lamenting the popularity of his petty officer, David.

2   A light-year is a unit of distance used by astronomers. It equals the distance that light travels in one year at a speed of 186,000 miles per second, approximately six trillion miles. (Source: Robert Jastrow, 1977, *Until the Sun Dies*)

3   Numbers expressed as a product of a base number and any given power of ten, used for writing very large numbers. For instance 9,460,000,000,000,000 meters (the number of meters in a light year) is expressed as 9.46×10^{15}. (Source. Baron's 1987, *Dictionary of Mathematics Terms*)

4   Menninger, 1992, p. 46, 127

5   <u>היבט היסטורי על סימון מספרים.</u>

5 -1   הפער

1   Ore, 1948, p. 21
2   Menninger, 1992, p. 53
3   Dantzig, 1954, p. 20
4   Childe, 1948 (Cited in Wilder, 1968, p. 37)
5   Menninger, 1992, p. 39
6   Wilder, 1968, p. 42-3, 65-6
7   Menninger, 1992, p. 45
8   Menninger, 1992, p. 89
9   For instance, in the sequence of the numerals, '345,' the digit, '5,'
indicates the sum of the unit 'one,' the digit '4' the sum of the unit 'ten',
and the digit '3' the sum of the unit 'hundred.'
10   For example, the symbol '|' representing the unit '1' is repeated four times to depict the number '4' thus, '||||,' and the symbol, '∩,' representing the unit, '10,' is repeated three times to depict the number, '30,' thus: '∩∩∩.' Hence, the sequence '|||| ∩∩∩' read (from right to left) 'thirty four
11   Wilder, 1968, p. 175
12   Cajori, 1985, p. 121
13   Ball, 1960, p. 186, Dantzig, p. 33-4
14   Dantzig, 1954, p. 34
15   Ore, 1948, p. 21

5-2   תרומת הסמלים החזותיים להמשגת מספרים

1   Whitehead, 1958, p. 40-1
2   Edelman, 1989, p. 201
3   Vygotsky, 1978, p. 39, a similar idea expressed in p. 51
4   Waismann, 1966, p. 51
5   Neisser, 1967, p. 105-137
6   Wilder, 1968, p. 171
7   Wilder, 1968, p. 4
8   Dantzig, 1954, p. 20
9   Whitehead, 1958, p. 39 & 42
10   Dantzig, 1954, p. 193-4

5-3   שלושת דרכי הייצוג החזותי

1 Dantzig, 1954,, p. 7, The term 'tally' comes from the Latin word ' talea' meaning 'cut'—a reference to the most prevalent 'tallying' method which was carving lines on various surfaces, 'such as bon, wood, cave walls, and clay.

2 Dantzig, 1954, p. 32, The English 'cipher' is the derivative of 'zephirum'—a "Latinization" of the Arabic's 'sifr'—in itself a translation of the Hindu—'sunya.' The word 'sifr' underwent several changes that ended with its Italian version, "zero." Because the zero serves an important function in the Hindu numeral system, both in writing numbers and in arithmetic calculation, the word 'cipher,' originally meaning 'zero' in popular use, came to denote Hindu numerals in general.

3. Wilder, 1968, p. 54

4 Ifrah, 2000, p. 170 – 1, *The New Encyclopaedia Britannica* (1986-15th edition). Vol. 29 p. 1001– 2

5 Ifrah, 2000, p. 170 – 1, *The New Encyclopaedia Britannica* (1986-15th edition). Vol. 29 p. 1001– 2

4-5   סוד הצלחתה של שיטת הספרות ההודית.

1 Menninger, 1992, p. 236, "Tally sticks" have been especially popular and long lasting. They were used by Swiss diary-farmers until as late as the 19th century, not to mention the 'Exchequer Tallies'—the notched sticks that served the British Royal Treasury as the official tax payments records. English bureaucrats used them until 1826 A.D.

2   Wilder, 1968, p. 55, Menninger, p. 398

3 Wilder, 1968, p. 152, Even the Babylonian system, which rarely had to indicate a missing denomination, used an equivalent sign for zero, though it took the Babylonians almost a millennium to create the symbol. Cajori, 1985, p. 5, noted that the "number with a missing sexagesimal place are rare, fewer than 1.7% of the numbers from 1 to 216,000 are of this kind, as compared with roughly 40% that require a zero (or several zeroes) in the decimal system." In addition, because of their big base, the disparity between numbers of different denomination is so big that they are less likely to be confused (see Figure V-3).

4 Menninger, 1992, p. 425

5-5.   החשבון החדש

1 Ifrah, 1985, p. 437

2 Dantzig, 1954, p. 7

3 Dantzig, 1954, p. 28-9

4   Ifrah, 1985, p. 457-8

5 Ifrah, 1985, p. 459, It was also called "hah"—sky, "ambara"—atmosphere, and "agana"—space, which convey similar ideas for void or emptiness.

6   Ball, 1960, p. 150-1

6-5   החשבון החדש לעומת החשבון הישן

1   Ball, 1960, p. 263

2   Ball, 1960, p. 33

3 Ball, 1960, p. 156, 'Al-karism' is a corruption of the Arabic 'Al–Khwarizmi' meaning, 'fromsKhwarizmi,' a province in Persia. His full name was Mohammed Iben Musa Abu Djefar Al-Khwarismip. 156, 'Al-karism' is a corruption of the Arabic 'Al–Khwarizmi' meaning, 'fromsKhwarizmi,' a province in Persia. His full name was Mohammed Iben Musa Abu Djefar Al-Khwarismi

4   Dantzig, 1954, p. 79, 'Mukabala Al-gebr', which is the origin of the term *algebra*, means 'restoration,' 'Mukabala' means simplification. 'Al- gebr we' L Mukabala' means "on restitute and adjustment" —a reference to a method of simplifying algebraic equations by performing the same operations on both sides of the equation. For instance, the algebraic expression 3x+8=20 can be simplified with Al-Khwarismi's method by subtracting eight from both sides of the equation and then dividing both by three, thus, (3x+8-8)÷3= (20 -8) ÷3, to get the ultimate simplification: x = 4.

5   Ball, p. 1960, 156, Dantzig, 1954, p. 79

6   Kline, 1980, p. 111-113

7   Ball, p. 1960, 158,183

8   *The New Encyclopaedia Britannica* (1986-15th edition). Vol. 23, p. 612

7 - 5 שימוש הספרות ההודיות כמכשיר לעומת שימושם כמושגי מספרים

[1] Cajori, 1985, p. 91; Ball, 1960, p. 88

[2] Ball, 1960, p. 188

[3] English and Halford, 1955, P. 168-71, Katz, 1981, Booklet A, p. 19

6 מקור : החיפוש אחר חוש מספר

1-6 החיפוש אחר חוש-מספר

1- Dehaene, 1997, p. 35

2- Meck and Church's 1983 paper: *A Mode Control Model of Counting and Timing Processes*

3- Meck and Church, 1983, p. 333

4- Dehaene, 1997, p. 4-5

5- Wynn, 1992, p. 228

6- Laurence and Margolis, 2005, p. 221

7- Laurence and Margolis, 2005, p. 218-9

8- Dehaene, 1997, p. 5

9- Dehaene,1997, p. 106-7

10- Edelman, 1998, p. 92-3

11- Deacon, 1997, p. 436

12- Deacon, 1997, p. 69-70

13-- Deacon, 1997, p 70, 80

14- Davis and Memmott, 1982, p. 553

15- Durkin et al. 1986, p. 269

16- Durkin et al. 1986, p. 283

17- Durkin et al. 1986, p. 27

18-- Durkin et al. 1986, p. 279

19--- Durkin et al. 1986, p 284

20- Davis and Memmott, 1982, p. 567

21 Dehaene, 1997' p. 4, 5

22- Davis and Memmott, 1982, p. 547

23- Davis and Memmott, 1982., p. 565

24- Davis and Memmott, 1982., p. 549

25- Edelman, 1989, p. 201

26- Deacon, 1997, p. 45

2-6 המספר כתהליך

[1] Gamow, 1960, p. 25-34

[2] Kasner and Newman, 1989, p. 43-4 noted that according to Cantor, "An infinite class has the unique property that the whole is not greater than some of its parts." This statement is

incompatible with "finite arithmetic," in which "the whole is always greater than any of its parts."
[3] Menninger,1992, p. 11

6 -3.   הדרך מתואר של לשם-עצם

[1] Menninger, 1992, p. 30
[2] Menninger, 1992, p. 12
[3] Wilder, 1968, p. 40
[4] Menninger, 1992, p. 11
[5] Wilder, 1968, p. 41
[6] Dantzig, 1954, p.6
[7] Wilder, 1968, p. 40
[8] Menninger, 1992, p. 11
[9] Menninger, 1992, 30.
10 Wilder, 1968, p. 42, 66

7 -   על רכישת מושגיי מספרים

7 -1   המפגש עם הסמלים – תחילה:

1 Leach, 1983, p. 190
2 Menyuk, 1971, p. 3
3 Leach, 1983, p. 61-2
4 Gopnik, Meltzoff, and Kuhl, 2001, p. 105-6
5 Gopnik, Meltzoff, and Kuhl, 2001, p. 107
6 Leach, 1983, p. 274
7 Menyuk, 1971, p. 168
8 Wagner and Walters, 1982, p. 143-4
9 Fuson, 1988, p. 170

7 -2   תפקיד המנייה ברכישה ראשונית של מושגי מספרים

1 Bryant, 1974, p. 120
2 Wynn, 1992, p. 234
3 Gelman and Gallistel, 1978, p. 64-71, 222
4 Russell, 1952, p.192
5 Piaget, 1965, p. 28, 29
6 Wynn, 1992, p. 228
7 Piaget, 1965, p. VIII
8 Piaget, 1965, p. 154
9 Fuson, 1988, p. 250, 363
10 Fuson, 1988, p. 363
11 Wagner and Walters, 1982, p. 144
12 Russell, 1952, p.193
13 Edelman, 1989, p.92-3, 104, Deacon, 1997, p. 434
14   Neissesser, 1976, 128-134
15 Neisser, 1976 , p. 85
16 Neisser, 1976 p. 146, Neisser's proposition is supported by several
studies: Brooks (1967 and 1968), Segal and Fusella, (1970), Byrne (1974),
and Salthouse (1974 and1975)
17   Sarama and Clement, 2009, p. 42
18   Fuson, 1988, p. 213
19   Edelman, 1989, p. 201

7-3   מגבלות המנייה כאמצעי בהוראת חשבון

[1] Neisser, 1973, p. 209-210; Neisser, 1976, p.128, 146-7; Neisser, 1967, p. 153
2 Katz, 1981, Booklet A, p. 19

4-7 שלבים ראשונים בהתפתחות מושגיי מספר

[1] Descoeudre, 1921, cited by Bryant, 1974, p.119
[2] Binet in Pollack and Brenner, 1969 P. 85-89 . P.93
[3] Piaget's 1941 book "La Gense do Nombre Chez L'enfant" ("The Origin
of Number in Children). Transliterated to English in 1952, under the title,
"The Child's Conception of Number." P. VIII and P.142.
[4] Gelman and Gallistel, " "Child Understanding of Number" 1978, p. 245.
[5] Binet, 1890, from 1969, "The Experimental Psychology Of Alfred Binet", Pollack &
Brenner p. 90-91
6 Gelman, and Gallistel, 1978, p. 54-55
[7] Fuson, 1988, p. 402
[8] Binet in Pollack and Brenner, 1969, p., 88
[9] Gelman and Gallistle,1978, p. 163, 228
[10] Gelman and Gallistle,1978, p.78
[11] Wynn, 1992, p. 220 and p. 244.
[12] Fuson, 1988, p. 58, 190, 387, 389; Gelman and Gallistel, 1978, p. 90,
Wagner and Walters, 1982, p. 151
[13] Wynn, 1992, p. 224
[14] Gelman and Gallistel, 1978, p. 51, 54, 55, and 2

ביבליוגרפיה

Arantes , Joana (2007), "Comparison of Scalar Expectancy Theory (SET) and the Learning-to-Time (LeT) Model in a Successive Temporal Bisection Task," *Behavioral Processes*, Vol. 78, Number 2, 2008, pp. 269-278 New York: Dover Publications, Inc.

Ball, Deborah Loewenberg (1992), Magical Hopes: Manipulatives and the Reform of Math Education, *American Educator*, summer 1992

Ball, W. W. Rouse (1960), *A Short Account of the History of Mathematics,* New York, New York: Dover Publications, Inc. (Original work published 1908)

Beckmann, H. (1924), Die Entwicklung der Zahlleistung bei 2-6 Jahrigen Kindern. *Zeitschrift fur Angewandte Psychol.*, 22, 1-72

Binet, Alfred (1890), "The Perception of Lengths and Numbers in Some Small Children," *Revue Philosophique,*1890 (30) 68-81. In Pollack and Margaret W. Brenner (1969)

Binet, Alfred (1890), "Children's Perceptions," *Revue Philosophique,*1890 (30) 582-611. In Pollack and Margaret W. Brenner (1969)

Booth, Julie L., Siegler, Robert (2006), "Developmental and Individual Differences in Pure Numerical Estimation," *Developmental Psychology*, 2006, Vol. 41, No. 6 189-201

Brooks, L. R. (1967), "The Suppression of Visualization in Reading," *Quarterly Journal of Experimental Psychology*, 19, 288-99

Brooks, L. R. (1968), "Spatial and Verbal Components of the Act of Recall," *Canadian Journal of Psychology,* 22, 349-368

Bryant, Peter (1974), *Perception and Understanding in Young Children: An Experimental Approach,* New York: Basic Books Inc. Publisher

Byrne, B. (1974), "Item Concreteness vs. Spatial Organization as Predictors of Visual Imagery," *Memory and Cognition,* 2, 53-59

Cajori, Florian (1985), *A History of Mathematics*, New York: Chelsea Publishing Company (Original work published 1893)

Carruthers, Peter, Laurence, Stephen Stich, Stephen (2005), *The Innate Mind: Structure and Contents,* New York: Oxford University Press

Chi, M. T. H. and Klahr, D. (1975), "Span and Rate of Apprehension in Children and Adults," *Journal of Experimental Child Psychology*, 19, 427-434

Childe,V. G. (1948), *Man Makes Himself,* London, Watts & Co., The Thinkers Library, No.87.

Dantzig, Tobias (1954). *Number the Language of Science,* Garden City, New York: Doubleday & Company, Inc. (Original work published 1930)

Davis, Hank, Memmott, John (1982), "Counting Behavior in Animals: A Critical Evaluation," *Psychological Bulletin.* 1982, Vol. 92, No. 3, 547-571

Davis, Philp J. (1961), *The Lore of Large Numbers*, New Haven, Connecticut: Random House

Deacon, Terrence W. (1997), *The Symbolic Species: The Co-evolution of Language and the Brain,* New York: W.W. Norton & Company

Dehaene, Stanislas (1997), *The Number Sense*, New York: Oxford University Press

Dehaene, Stanislas, Cohen, Laurent (1994), "Dissociable Mechanisms of Subitizing and Counting: Neuropsychological Evidence from Simultanagnosic Patients," *Journal of Experimental Psychology: Human Perception and Performance* 1994, Vol. 20, No.5, 958-975 (960)

Descoeudres, A. (1921), *Le De'veloppnent de L'enfant de Deux a' Sept Ans.* Paris: Delachauz & Niestle

Durkin, Kevin, Shire, Beatrice, Riem, Roland, Crowther, Robert S., Rutter, D. R. (1986), "The Social and Linguistic Context of Early Number Word Use," *British Journal of Developmental Psychology*, 1986, 4, 267-288

Edelman, Gerald M. (1989), *The Remembered Present: A Biological Theory of Consciousness,* New York: Basic Books, Inc.

Elkind, D., Schoenfeld, E. (1972), "Identity and Equivalence at Two Age Levels," *Develop. Psychol.* 6, 529-33

English, Lyn D., Halford, Graeme S. (1955), *Mathematics Education: Models and Processes*, Mahwah, New Jersey: Lawrence Erlbaum Associates

Eysenck, Michael W. (2004), *Psychology: An International Perspective*, New York: Psychology Press Ltd.

Frith, Christopher D., Frith, Uta (1972)," The Solitaire Illusion: An Illusion of Numerosity," *Perception & Psychophysics*, Vo. 11 (6)

Fuson, Karen C. (1988), *Children's Counting and Concepts of Number*, New York: Springer Verlag

Galton, J. (1889), *Narrative of an Explorer in Tropical South Africa*, (Minerra Library of Famous Books)

Gamow, George (1960), *One Two Three... Infinity: Facts and Speculations of Science*, New York: Mentor Book, with Viking Press (ninth) printing. (Original work published 1947, England: Macmillan & Company Ltd.)

Gallistel, C.R., Gelman, Rochel (1992), "Preverbal and Verbal Counting and

Computation," *Journal of Cognition*, 44: 43-74

Gelman, Rochel, Gallistel, C.R. (1978), *The Child Understanding of Number,* Cambridge MA: Harvard University Press

Gelman, R. (1972)," The Nature and Development of Early Number Concepts," *Advances in Child Development and Behavior*, vol. 7, ed. H. W. Reese, pp. 115-167. New York: Academic Press

Gelman, R., Tucker, M. F. (1975), "Further Investigations of the Young Child's Conception of Number," *Child Development*, 46: 167-175
Ginsburg, Herbert, Opper, Sylvia (1969), *Piaget's Theory on Intellectual Development, an Introduction*, Prentice - Hall Inc.

Ginsburg, Norman (1976), "Effect of Item Arrangement on Perceived Numerosity: Randomness vs. Regularity," *Perceptual and Motor Skills*, 43, 663 – 668

Gopnik, Alison, Meltsoff, Andrew N., Kuhl, Patricia K. (2001), *The Scientist in the Crib: What Early Learning Tells Us About the Mind.* New York: Perennial, Harper Collins Publishers. (Original Work published 1999)

Gullberg, Jan (1997), *Mathematic: From Birth of Number*. New York: W.W. Norton & Comp.

Holender, D., Peereman, R. (1987), "Differential Processing of Phonographic and Logographic Single-Digit Numbers by the Two Hemispheres," in L. Erlbaum (1987), *Mathematical Disabilities*, Hillsdale, New Jersey: Lawrence Erlbaum Associates, Inc.

Hope, Jack A., Leutzinger, Larry, Reys, Barbara J., Reys, Rober E. (1988), *Mental Math in the Primary Grades*, United States of America: Dale Seymour Publications

Ifrah, Georges (1985), *From One to Zero: A Universal History of Numbers*, English translation, Lowell
Bair, New York, New York: Viking. (Original work: *Histiore Universelle des Chiffres*, published 1981)

Ifrah, Georges (1990), *Numerals and Numbers: The History of a Brilliant Invention*, Hebrew edition, Karta Publication: Jerusalem (Original work: *Histiore Universelle des Chiffres*, published 1981)

Ifrah, Georges (2000), *The Universal History of Numbers: From Prehistory to the Invention of the Computer*. New York: John Wiley & Sons, Inc.

Jastrow, Robert (1977), *Until the Sun Dies*, New York: W. W. Norton & Corp.

Jevons, W. Stanley (1871), "The Power of Numerical Discrimination," *Nature*, February 9, 1871

Kasner, Edward Newman, James R. (1989), *Mathematics and the Imagination*, Redmond, Washington: Tempus Books of Microsoft Press (Original work published: 1940)

כ"ץ, ציפורה (1981), *הקניית החשבון – לפי הגישה ההתפתחותית. מדריך למורה*. חוברות : א', ב', ג', ד', לגן חובה לכתות א' עד ה' ולהוראה מתקנת. הוצאה ניסיונית מיועדת להשתלמויות מורים במסגרת משרד החינוך והתרבות והתנועה הקיבוצית.

Kaufman, E. L., Lord, M.W., Reese, T. W., Volkmann, J. (1949), "The Discrimination of Visual Number," *American Journal of Psychology*, Vol. 62, 498-525

Khoshnoodi, Mohammad Ali, Rouzbeh, Motiei-Langroudi, Mohsen, Omrani, Diamond, Mathew E., Abbassian, Abdol Hossein (2008), "Effect of Tactile Stimulus Frequency on Time Perception: the Role of Working Memory," *Experimental Brain Research*, vol.185, no. 4, pp. 623-633

Kline, Morris (1980), *Mathematics: The Loss of Certainty*, Oxford New York: Oxford University Press

Krueger, L. E. (1972), "Perceived Numerosity," *Perception and Psychophysics*, 11, 5-9

Laurence, Stephen, Margolis, Eric (2005), "Number and Natural Language," in Peter Carruthers, Stephen Laurence, Stephen Stich (2005), *The Innate Mind: Structure and Contents,* New York: Oxford University Press

Leach, Penelope (1983), *Babyhood: Stage by Stage, From Birth to Age Two: How Your Baby Develops Physically Emotionally, Mentally,* New York: Alfred A. Knopf

Machado, Armando, Pata, Paulo (2005), "Testing the Scalar Expectancy Theory (SET) and Learning-to-Time Model (LeT) in a Double Bisection Task," *Learning & Behavior*, Volume 33, Number 1, February 2005, pp. 111-122 (12)

MacKay, Donald G. (1968), "Metamorphosis of a Critical Interval: Age-Linked Changes in Delay in Auditory Feedback That Produces Maximal Disruption of Speech," *Journal of the Acoustical Society of America*, 43: 811-21

Meck,Warren, Church, Russell M. (1983), "A Mode Control Model of Counting and Timing Processes," *Journal of Experimental Psychology: Animal Behavior Processes.* 1982 Vol. 9, No. 3, 320-334

Menninger, Karl (1992), *Number Words and Number Symbols: A Cultural History of Numbers,* New York: Dover Publications, Inc. (Original work 1957-58, German; 1969, English trans.)

Menyuk, Paula (1971), *The Acquisition and Development of Language,* Englewood Cliffs, N.J.: Prentice-Hall, Inc.

Miller, George A. (1956), "The Magical Number Seven, Plus or Minus Two: Some Limits on Our Capacity for Processing Information," *The Psychological Review*, Vol. 63. No. 2, 81-97

Morgan, Lloyd C. (1894), *An Introduction to Comparative Psychology*, 153-157 Fifth Avenue, New York: Walter Scott, Ltd., Paternoster Square, Charles Scribner's Sons

Mussen, Paul Henry, Conger, John Janeway, Kagan, Jerome (1969), *Child Development and Personality*, New York: Harper & Row (Original work published: 1956)

Neisser, Ulrich (1967), *Cognitive Psychology*, New York: Appleton-Century-Crofts

Neisser, Ulrich (1976), *Cognition and Reality: Principles and Implications of Cognitive Psychology: A book of Reading,* San Francisco: W. H. Freeman & Company

Neisser, Ulrich (1973), "The Processes of Vision," in Robert E. Ornstein (Ed.), *The Nature of Human Consciousness*, 195-210, New York: The Viking Press

Nunes, Terezinha, Bryant, Peter (1996), *Children Doing Mathematics*, Oxford UK: Blackwell Publishers Ltd.

Ore, Oystein (1948), *Number Theory and its History*, New York, Toronto, London: McGraw-Hill Book Company, Inc.

Ornstein, Robert E. (1973), *The Nature of Human Consciousness,* New York: The Viking Press

Piaget, Jean (1965), *The Child's Conception of Number*, New York; W. W. Norton & Company, Inc. (Original work: *La Genèse du Nombre chez L'Enfant.* published 1941)

Pollack, Robert H., Brenner, Margaret W. (1969), *The Experimental Psychology of Alfred Binet: Selected Papers*, Edited by Robert H. Pollack, Margaret W. Brenner, New York N.Y : Springer Publishing Company Inc.

Russell, Bertrand (1952), "The Positive Theory of Infinity," in Russell, *Our Knowledge of the External World (pp.189-213).* London: George Allen & Unwin Ltd. (Original work published 1914)

Russell, Bertrand (1996), *The Principles of Mathematics*, New York: W. W. Norton & Company, Inc. (Original work published 1903)

Salthouse, T. (1974), "Using Selective Interference to Investigate Spatial Memory Representation," *Memory and Cognition,* 2, 749-757
Salthouse, T. (1975), "Simultaneous Processing of Verbal and Spatial Information," *Memory and Cognition,* 3, 221-225

Saltzman, I. J., Garner, W. R. (1948), "Reaction Time as a Measure of Span of Attention," *J. Psycho.*, 24, 1948, 227- 241

Sarama, Julie, Clements, Douglas H. (2009), *Early Childhood Mathematics Education Research: Learning Trajectories for Young Children: What's the source?*, New York: Routledge

Secada, W. G. (1984), *Counting in Sign: The Number String, Accuracy and Use,* Unpublished doctoral dissertation, Northwestern University

Segal, S. J., Fusella, V. (1970), "Influence of Imaged Pictures and Sounds on Detection of Visual and Auditory Signals," *Journal of Experimental Psychology*, 83, 458-464

Siegler, Robert S., Laski, Elida V. (2006), *Young Children's Logarithmic Representations of Numerical Magnitude*, Online: pirt.wceruw.org/Pdf%20posters/Laski.pdf

Sophian, Catherine (1998), "A Developmental Perspective on Children's Counting," in Chris Donlan (1998), *The Development of Mathematical Skills*, UK: Psychology Press Ltd.

Sperling, George (1960), "The Information Available in Brief Visual Presentations," *Psychological Monographs: General and Applied*, 74, 11, 1-29

Taves, Ernest Henry (1941), "Two Mechanisms for the Perception of Visual Numerousness," *Archives of Psychology*, No. 265, 4-47
Thomson, James B. (1872), *New Rudiments of Arithmetic: Combining Mental and Slate Exercises for Intermediate Department*, New York: Clark and Maynard Publishers

Vygotsky, L. S. (1978), *Mind in Society: The Development of Higher Psychological Processes:* Edited by M. Cole, V. John-Steiner, S. Scribner, E. Souberman. Cambridge, Massachusetts: Harvard University Press

Wagner, Sheldon H., Walters, Joseph (1982), "A Longitudinal Analysis of Early Number Concepts: From Numbers to Number," in George E. Forman (1982), *Action and Thought: From Sensorimotor Schemes to Symbolic Operations*, (pp. 137-161) New York: Academic Press

Waismann, Friedrich (1966), *Introduction to Mathematical Thinking: The Formation of Concepts in Modern Mathemtics*, New York; Harper & Row Publishers (Original work published 1951)

Whitehead, Alfred North (1958), *An Introduction to Mathematics*, Oxford University Press, Inc. (Original work published 1948)

Wilder, Raymond L. (1968), *Evolution of Mathematical Concepts: An Elementary Study*, New York: John Wiley & Sons, Inc.

Wynn, Karen (1992), "Children's Acquisition of the Number Words and the Counting System," *Cognitive Psychology*, 24, 220-251
Yaseen, Zimri S. (1999), "Mathematical Truth/Mathematical Knowledge," Philosophy 335, The University of Chicago

Zaslavsky, Claudia (1999), *Africa Count: Number Pattern in African Culture,* Lawrence Chicago, Illinois: Hill Books

I0791124